望月衣塑子
佐高 信

なぜ日本のジャーナリズムは崩壊したのか

講談社+α新書

なぜ日本のジャーナリズムは崩壊したのか　目次

序章に代えての往復書簡

望月衣塑子より　いまこの国を蝕んでいる本当の病根

序章に代えての往復書簡

佐高信より　官主主義と分断と

第四章　隠蔽と沈黙をぶち破れ　森友問題の新たな核心

第五章　命と生活を懸けて　コロナがジャーナリズムに突きつける

序章に代えての往復書簡

望月衣塑子より　いまこの国を蝕んでいる本当の病根

アベノマスク狂想曲

前略

佐高さま。

新型コロナウイルスの感染拡大で、官邸の不手際が際だっています。

PCR検査は目詰まりしたまま。

〝目玉政策〟のアベノマスクも一〇万円の支援金も、まだ行き渡っていません。

これは側近だけで決める安倍政治の、構造的で本質的な欠陥の表れだと思います。

耳の痛いアドバイスをくれる人物は遠ざけられ、茶坊主ばかり周辺にそろえた結果、政策の多様性や柔軟性、政官民から有能な人材を活用する力はすっかり衰えました。コロナ禍への危機管理のまずさは、安倍政権のめっきがはがれていることを証明しただけでなく、地金まで腐食が進んでいることを如実に示しています。

安倍晋三首相が二月二七日に突然出した小中高校の休校要請は、専門家会議の判断を仰がず、今井尚哉首相補佐官ら側近による「連絡会議」の場で決められました。

議事録は作成されていません。

安倍政権のお家芸ですね。菅義偉官房長官ですら、その日の午後にはじめて聞かされたとされ、蚊帳《かや》の外でした。

「アベノマスク」に至っては、まるでコントです。

各国が休業補償を充実させたり、陽性患者を治療する病院建設などを急いだりする中、安倍政権の〝目玉対策〟が小さな布マスク二枚配付とは。脱力します。四六六億円の予算を準備したものの、虫や毛髪の混入のせいで検品に八億円の費用がかかっています。

そのアベノマスクすら、まだ届いていない家庭は多いのですが、すでにそこらの店には不織布のサージカルマスクが並びはじめています。

アベノマスクそのものが「不要不急」になってしまいました。

周知のことですが、このアベノマスクは佐伯耕三首相秘書官が発案し、安倍首相に「これで国民の不安がパッと消える」と言ったと報じられています。その浅知恵ぶりに「こんなのが側近か」と、国民の不安はグッと増したのではないでしょうか。

さらに、星野源さんの弾き語りに合わせて、安倍首相が自宅でお茶を飲み、犬をあやし、テレビを見るという、間の抜けた動画を官邸発で配信し、全世界にズレぶりをアピールしてしまいました。

週刊誌によると、佐伯秘書官が首相の私邸滞在時に撮影したそうですが、これで「STAY HOME」のメッセージが伝わると思っていることと、安倍首相の周辺のだれも止めなかったことに心底驚きます。国民の自粛をよそに花見や大分旅行と羽を伸ばしていた昭恵夫人が家で静かに過ごしている動画を流したほうが、国民の不安解消によほど役立ったのではないでしょうか。

安倍政権こそ緊急事態

安倍首相。他にやることがあるでしょう。

最前線の医療現場や保健所を視察してメッセージを出したり、休業補償を求める市民や外出自粛で増えるDVや虐待の被害者、障害を抱える人やご高齢の方をサポートする人々の苦労について、生の意見に耳を傾けたりすることはできなかったのでしょうか。

社会的弱者に思いが至らない点は、佐高さんの言われるように「ボンボン首相の限界」だと感じざるを得ません。

一律一〇万円の支給も、公明党に迫られた末に方針転換した結果でした。

一度決まった予算を組み替えるなど、政治プロセスが決定的に狂っています。そもそも、当初の三〇万円支援も、全世帯の二割程度にしか行き渡らないようなケチな代物《しろもの》です。

佐高さんは「安倍が首相になったことが緊急事態」と「サンデーモーニング」（ＴＢＳ系）で発言されたのですね。すると、私たちはもうすでに緊急事態下に八年近くも留め置かれているということになります。

これが日常となり、感覚が麻痺してしまっていることに、もっと私たち自身が危機感を持たなければなりません。

命の選別、国民蔑視

かつて、コレラ菌が発見されたのに、パニックになることと経済へのダメージを考慮して厚生省の官僚が公表を見送った事実があったことを、佐高さんは強く訴えていましたね。市民の健康と命よりも、日常の維持と経済効率が優先されたわけです。

そうした姿勢と思考法は、いまの官邸官僚とまったく同じだと思いました。

国民のパニックを恐れ、検査数を押さえ込み、現状を過小評価しています。根底にあるのは「国民は馬鹿。俺たちがコントロールしなければ」という蔑視です。

ＰＣＲ検査は諸外国と比べても圧倒的な検査不足が際立っています。

検査数が少ないため、緊急事態宣言が出された以降、どの程度の市中感染が起きているのか、まったくわかりません。検査が必要だと医師が診断しても、保健所から検査を拒否され、待たされるなかで死亡したり、自宅待機中に亡くなったりする人も出ています。

もちろん、不急の検査希望者が殺到して医療崩壊してはいけません。

ですが、いまだに保健所の手は足りず、民間や大学も有効活用されず、医師が必要と判断した検査がなされていません。もう危機が表面化してから何ヵ月経っているのでしょう。

安倍政権はこの程度なんですね。

安倍首相は五月四日の会見で「やる気がなかったわけでは無いが、目詰まりもあった」と、宿題をサボった子どものような言いわけで、早くも責任逃れの体《てい》です。

結局、政府の無策で検査態勢の拡充は進まず、自粛にともなう国民の多大な経済的・身体的犠牲と引き換えに、感染者数が減少することになりそうです。

ＰＣＲ検査の不足は、取り返しのつかない失政です。

政府は専門家会議の尾身茂副座長をＮＨＫの夜のニュースに出演させ、受診・検査の目安として「三七・五度以上の高熱が四日間続いた場合」と大々的に発言させました。厚労省や専門家会議の資料にも同様の記載がありました。

そのため、医師が検査の必要があると診断しても、保健所から検査を拒否されたり、自宅待機中に亡くなったりする人が相次ぎました。

女優の岡江久美子さんも発熱後、自宅待機中に症状が悪化。入院後の検査で陽性と判明しましたが、亡くなられました。もっと早く検査を受けることができていれば、治療を受けられたかも知れず残念です。

国の言うことに従った人が犠牲になる、まじめな人ほど損をするという不条理がまかり通っています。

「命の選別」はすでに起きているのです。

後になって、政府の「四日待機要請」が問題視されるようになると、加藤勝信厚労相は「三七・五度以上の熱が四日以上続く」とした相談・受診の目安についてこう説明しました。

「必ず受診してほしいという目安だ」

「我々から見れば（四日の自宅待機は）誤解だ」

つまり誤解をするほうが悪いと、国民と医療機関、保健所に責任転嫁しました。あきれてものが言えません。

説明責任の放棄

そもそも、政府の情報開示は消極的に過ぎます。

マスク二枚の納入元を巡る情報開示でも四社目の福島の「ユースビオ」の発表が遅れました。公明正大に企業を選定していれば、すぐ発表すればいいわけです。

首相主催の「桜を見る会」の招待者名簿でも、森友・加計疑惑でも、首相や官邸のために隠し通すことが、官僚たちの「出世の近道」。マスクの公表遅れも何か裏があるのではないか、と疑念を生じさせます。

首相会見のひどさは、首相支持者さえも落胆させたのではないでしょうか。

目は泳ぎ、官僚作成のペーパーありきです。後の予定を理由に、挙手があるのに打ち切ってしまう。冒頭の二〇分にわたる修飾語だらけの冗長なスピーチも、実施時期のぼやけた具体性の欠けた政策を並べるばかり。

結局は国民に「自粛しろ」「努力しろ」「耐えろ」という精神論でしかありません。各国首脳の当意即妙の会見と比べて、かなり見劣りします。

五月四日の会見では、フリーランスの大川興業代表・大川豊さんが「知的障害や発達障害の子供に対しての行動指針を、政府としてお示しになるか」と質問しました。

安倍首相はふだん、この問題について考えたことがないのでしょう。すかさず専門家会議の尾身副座長に丸投げしようとしました。大川氏が食い下がると、

「まず外出は、まったく悪いわけではない。公園とかでは三密を避けていただければ問題はない。あとは、尾身（政府諮問委員会）会長から」

と要領を得ない答えをした後、再び尾身氏に振りました。

自分の言葉で伝えることができない人は、政治家としては失格です。

これが日本のトップなのです。

なお、フランスでは、四月二日の自閉症啓発デーにあわせ、自閉症の方と付添人を対象に、外出自粛制限の緩和を発表しています。日ごろから政府がそうした社会的弱者に対しても目配りができていることがわかります。

他国の首相や知事の会見は、台本なしで丁々発止です。ところが、菅義偉官房長官の記者

会見も首相会見と同様、中身が薄く、官僚ペーパー頼みです。

菅氏の会見は「できるだけ短く、余計なことには答えたくない」という意識の反映からか、最近は一〇分程度で打ち切られています。

答弁に対し、記者が再び聞き直す「さら問い」も減っています。

なお、コロナ対応のため会見の参加は一社につき一人なので、四月九日以降、私は会見に参加できていません。

本来、多様な記者がそれぞれの問題意識を持って質問することで、質疑が活性化し、中身のある会見になると思うのですが、第二次安倍政権以降、内閣記者会のなかで、フリーやネットメディアを含めて、会見のオープン化の議論は聞こえてきません。

だれのため、何のために質問するのか――。

その視点に立てば、会見をクラブ所属記者に限定する今のやり方は変えるべきでしょう。

新規参加を認め、会見の質問を長く多くとることで、国民の知る権利が守られ、多様な生き方や個人が尊重される民主国家に近づくのではないでしょうか。

火事場泥棒

さて、中韓に比べても日本のコロナ対策は失策続きです。

佐高さん。政府は二月下旬から三月五日に、「中国人、韓国人に発行済みの査証は無効とすること」などの措置を発表したのですね。内政の失敗による国民の矛先《ほこさき》を中韓への悪感情に逸らすという、従来の手法で支持を集めようとしたのでしょうか。

しかし、今回は相手が人間ではなくウイルスなので、「安倍手法」も意味がありません。

コロナ禍を受けて米国、英国、韓国、台湾、ドイツなど各国の政権支持率は上がっていますが、安倍内閣の支持率は四一・七パーセントで、不支持四三パーセントのほうが上回っています（二〇二〇年五月一〇日現在。共同通信社調査）。

当たり前ですが、コロナに国籍も地域も関係ありません。

必要なのは迅速かつ有効なコロナ対策なのです。

ところが今、コロナ禍に乗じた「火事場泥棒」ともいえるような動きが相次いでいます。

安倍首相は、憲法記念日の憲法フォーラムの動画メッセージで、憲法に緊急事態条項を盛り込む必要性を事実上訴えました。三月の首相会見ではたしか「緊急事態宣言と緊急事態条項はまったく別物」と答えたはずでしたが、お忘れになられたのでしょうか。

さらには、年金受給開始年齢の上限を引き上げる法案も審議され先日、衆院を通過しました。所管はコロナ対策で多忙を極める厚労省ですが、これこそ不要不急ではありませんか。

そして、検察庁法改正案です。

国家公務員法の定年延長が検察官にも適用されるという、これまでの解釈を覆す変更を「口頭決裁」で決め、経緯の議事録を残さず、東京高検前検事長の黒川弘務氏の定年をすでに延ばしていました。検察庁法改正案は、この口頭決裁を後付けで正当化するものでした。小泉今日子さんや浅野忠信さんなど、タレントや俳優、文化人からも異論が続出し、ついにこの法案は見送られました。

不要不急であるばかりか、あれほど国会で批判を受け、大臣の失言が相次いだ検察官の定年延長について、国民のコンセンサスも、国会での十分な議論もなく、なぜこれほど急いだのでしょう。国会や国民軽視もはなはだしく、まさに火事場泥棒です。

もしかして見逃してもらいたい疑惑や事件でもあるのでしょうか。ちなみに、官邸の私物化が問題視された「桜を見る会」については、全国の弁護士ら六六〇人余が告発しましたね。

検察の弱体化への危惧

河井克行前法相夫妻の公選法違反疑惑でも東京地検と広島地検が捜査を進めていますが、焦点は克行氏の関与とともに、原資の一億五〇〇〇万円が、自民党本部から出されていたという点です。同じく広島選挙区の溝手顕正前参議院議員にはわずか一五〇〇万円だったそうで、自民党の**誰**の**どんな指示**で河井氏に**だけ**大量の資金が配られたのか、注目が集まっています。

検察官は起訴権限をほぼ独占し、強い権力をもっています。

そして、特捜部は時の政権と対峙する事件も扱います。

だからこそ、高い独立性と国民からの理解、信頼が不可欠です。ところが、政権のえこひいきで幹部の定年延長が決まるのであれば、陸山会事件、FD改ざん事件で一度地に落ちた検察庁の信頼は、戻るどころか決定的に損なわれるでしょう。

知り合いの複数の検察官に取材すると、口をそろえて危惧しています。

う」

それぞれ、

「退職を延ばしてほしいと思う検事には、官邸や内閣の意向が気になる人も出てくるだろう」

「これまでもさまざまな捜査で〝国策捜査〟との批判を受けてきたが、それでも政治からの独立性を保とうとしてきた。後付け的にこの法案が出されたのにも恣意的なものを感じる」

「検事が内閣や官邸の意向をくみ、捜査をゆがめるとは考えづらいが、黒川検事長の定年延長はなぜここまでやらなきゃいけないのか理解に苦しむ」

と話しています。

松尾邦弘元検事総長ら検察ＯＢ一四人は五月一五日、

「検察の組織を弱体化して時の政権の意のままに動く組織に改変させようとする動きであり（中略）看過し得ない」

として、法務省に意見書を出しました。検察の元トップが法務省提出の法案に公然と反対するのは異例です。松尾氏は、私が日歯連事件を取材した時の検事総長。政治との距離の難しさを知る松尾氏の言葉は、とても重いと感じます。

佐高さんとの対話を通じて、現在の政治やメディアのあるべき姿について、さまざまな角度からお話を伺えたらと思います。

序章に代えての往復書簡

佐高信より　官主主義と分断と

大人の発想で国民を見殺しに

拝復

望月さん。

あなたが鋭く質問を浴びせることで知られるようになった官房長官の菅義偉の会見ですが、コロナ感染防止を理由に一日一回にしようとし、しかも参加記者を一社一人にしてほしいと記者クラブに申し入れがあったと報じられました。

これに反対したのは『毎日新聞』と『東京新聞』だけで、結局、「一日二回」を維持する代わりに「一社一人」は呑まされることになったとか。

官邸報道室の狙いは「粘り強い質問」を続けるあなた外しだったともされていますが、「権力者」に「天敵」視されるのは、記者として名誉なことですね。

これについて『週刊現代』(四月二五日号)では「コロナにも『天敵』にも怯えている」と皮肉られていましたが、今度のコロナ・ウィルス問題が起こって、私が真っ先に思い出したのは、異色の厚生官僚だった宮本政於さんです。

私より三歳下の宮本さんはアメリカ・ニューヨーク医科大の助教授を経て、一九八六年に厚生省に入り、東京、横浜、神戸の検疫所の課長などを務めました。閉鎖的な日本の官庁の実態を具体的に暴いた『お役所の掟』（講談社刊）はベストセラーになりました。ムラ社会の日本のお役所で徹底的にいじめられ、一九九五年に厚生省から追放された後、一九九九年に亡くなりました。

彼が自著の『お役所の精神分析』（講談社刊）に書いている、厚生省にいた時代の次のようなエピソードがあります。

ある日、後輩から、

「宮本さん、今週は寿司を食べにいかないほうがいいですよ」

と言われました。

なぜか？　と聞くと、生エビにコレラ菌が発見され、それがもう市場に出回っているからだというのです。

ならばすぐに事実を公にして、国民に警戒を呼びかけるべきだと思うのですが、「上層部」の会議の結果は、

「公式発表はナシ」

でした。

寿司業界がパニックになることを恐れたのです。

幸い、このときはコレラ患者は出ませんでした。ある上司に宮本さんが、

「この対応はおかしいのではないか？」

と尋ねたら、逆に、次のような説教を食らったというのです。

「君の発想はとても書生っぽい。もっと現実をしっかり把握しなければならない。考えてもみろ、一ヵ月ほど寿司業界、料亭にお客が来なくなったら経済的なロスは計り知れない。四、五十人のコレラ患者なら、入院させて治療しても経済的な負担はたかがしれている。もうちょっと大人の発想をしなければ役人として生きていけないよ」

人間を休業するという残酷さ

官僚は「不都合な事実」は隠します。それが習性のようになっていることは望月さんも骨身にしみてわかっていることでしょう。

だから、コロナ・ウィルスの感染者数などでも、どれだけ事実を明らかにしているか、私はどうしても疑って見てしまいます。

私は、現在の日本は「民主主義国家」ではなく「**官**主主義国家」だと思っています。大臣としてその上に立つ政治家が愚かであればあるほど**官主主義**は進行し、深化します。

「バカな大将、敵より怖い」

という言葉がありますが、たとえば森友・加計問題は安倍（晋三）首相が〝お友だち〟に便宜を図って、近畿財務局の職員を自殺にまで追い込んだ事件でした。

それで、財務省に大きな借りをつくり、今度のコロナ問題でも財務省の反対に遭って飲食、サービス業などへの休業補償が満足にできないわけです。

補償もなく、ただ「休め」といっても、生きていくためには休めません。

収入もなく休業するということは**「人間を休業」**することになってしまいます。

バカなボンボンの安倍、および麻生太郎（財務大臣）には、そうしたことがまったくわからないのです。

想像力の貧困というか、人間性の貧困というか、もはやつけるクスリがないと言うしかありません。

要するに、森友・加計疑惑の病巣や歪《ゆがみ》が、まっすぐにコロナ問題につながってしまっているということですね。

懐の狭さを見せつける

四月一二日の『サンデーモーニング』（TBS系）で、私が**安倍が首相になったこと、あるいは首相であること自体が日本にとっての緊急事態だ**とコメントしたら、またぞろネットで騒がれているようですが、なるべきではないボンボンが首相になってしまったという、日本社会の悲劇でしょう。

自粛しなければならないのに花見にいったり、大分の神社に集団で出かけたりした夫人の昭恵と、まさに好一対ならぬ**醜**一対とみなさなければなりません。

ボンボンは特権的に育てば育つほど、異論を理解する能力が育ちません。もともとそんな能力の芽が備わっていないともいえますが、たとえば田中角栄は「兄弟や親戚が一〇人集まれば一人ぐらいは共産党がいるもんだ」と鷹揚なところを見せました。

しかし一方で安倍は、森友・加計騒動で逆風真っただ中だった二〇一七年の東京都議選に

おいて、選挙で興奮したとはいえ、
「こんな人たちに負けるわけにはいかない」
と詰めかけたアンチ安倍の群衆に指を差して絶叫する始末です。こんな狭量な安倍に宰相の資格がないことは明らかでしょう。

安倍自民の補完・共犯勢力

その腐敗した安倍自民党を支えている**共犯者**が公明党と維新の会です。

安倍周辺が公費で自分の支持者を接待するという私物化が批判の的となった「桜を見る会」疑惑で繰り返し流された、安倍がにこやかに、誇らしげに乾杯するシーンがあります。そこで安倍の隣に立って一緒に杯を掲げているのは公明党代表の山口那津男です。「桜を見る会」には「公明党枠」もあり、多くの公明党支持者、つまり創価学会員が参加しているだけに、公明党は疑惑解明に積極的になれません。

森友問題でも、安倍晋三も最初は教育方針を絶賛していた小学校の名誉校長だった安倍昭恵を国会に証人として呼べば、いろいろな真相が明らかになるのに、公明党は逃げの一手でした。

こんな体たらくでは安倍自民党の共犯者と見なすしかありません。

そして、件《くだん》の小学校を認可したのは、維新の松井一郎が知事だった大阪府です。

大阪府が自前の土地すらなかった森友学園の新学校を認可しなければ、財務省が八億円の値引きをするという驚くべきこの「疑惑」は動き出さなかったのです。

つまり、安倍と松井、あるいは自民党と維新のタッグで疑惑ははじまったということが、残念ながら忘れられていると私は思います。ついでに言えば、国民の総スカンを食らった検察庁法改正案にも、維新は賛成する方針でした。

ヘイト国家の先にある闇

安倍と松井、あるいはそれに維新の代名詞たる橋下徹を一味として加えるなら、そこにはもう一人、安倍の言論的弁護人、百田尚樹も挙げなければならないでしょう。

ところがその百田すら、安倍のコロナ・ウィルスへの取り組みの遅さを批判していると伝えられました。

とはいえ、百田をはじめ、SNSなどで安倍を熱烈に応援する一派は、一見批判して見せて、安倍に会食に招かれたりし、結果的に安倍の真意を知ったというような世論誘導、ガス抜きの役回りを演じている節もあります。

そうした勢力がよく用いるのが対中、対韓ヘイトです。

コロナ騒動でも三月五日、安倍は突然、

「中国、韓国からの入国者に指定場所で二週間待機すること」

「中国人、韓国人に発行済みの査証は無効とすること」

などの措置を発表しました。

最初の入国禁止国に中国と韓国を対象としたわけです。ところがこの時点では、むしろ、イタリアなどで感染が拡大し、むしろ中国や韓国の発症数は鈍化傾向にありました。それなのに、その二国を指名したのはなぜか？

私は安倍のネット右翼的体質も深く影響していると思います。感染が爆発的に拡大していたイタリアや、あるいはアメリカからの入国を禁止するという考えは、その当時、安倍の頭の中にはなかったのですから。

内政の失敗への厳しい視線を外にそらすことを得意とするというか、言ってしまえば見せかけの、それしかない安倍には「敵」と「味方」に国民を分断する、ヘイトスピーチ的体質が染みついているのです。

そうした体質が何を呼ぶか？

アメリカの黒人暴動と、それを挑発するトランプ大統領の地獄絵図が物語っています。

しかし、皮肉にもコロナ・ウィルスは「敵」「味方」を問わず、襲いかかってくるのです。

私は小泉純一郎（元首相）を**単純一郎**と冷やかしたものですが、小泉が後継者にしてしまった安倍は、単純の三乗、あるいは四乗のような単細胞であり、複雑な思考に耐えられません。

そういう意味では昭恵と似た者夫婦なのでしょうが、ともあれこの**安倍政権という日本の緊急事態**において一刻も早く安倍に退場してもらわなければ、それこそ、私たちの命は捨て置かれ、危うくなるのは自明です。

望月さんのお父さんは私より二歳下でほぼ同年齢です。なので、この対談は現代日本と現代日本のジャーナリズムについての世代を紡ぐ、権力に嫌われる者同士のダイアローグとなるでしょう。

現代日本の病根を、徹底的に明らかにしていきたいと思います。

第一章　芸能と政治が切り結ぶ　映画『新聞記者』の衝撃

授賞式で政権批判をスルー

佐高　あなたの本が原案となった映画『新聞記者』が、日本アカデミー賞の三部門で受賞したんでしょう？

望月　はい。最優秀主演男優賞を松坂桃李さんが、最優秀主演女優賞をシム・ウンギョンさんが、そして最優秀作品賞もいただきました。

　下馬評では、東宝作品と松竹作品の両巨頭で支持が割れて、吉永小百合さんや山田洋次監督という発言力のあるかたが『新聞記者』を「いまこういう映画が必要だから」という感じで絶賛してくれていたので、「もしかしたら」みたいな話は聞いていたんですけど、三部門での受賞というのは驚いたし、嬉しかったですね。

佐高　あなたが表彰されたわけじゃないんだよな？

望月　ええ、たしかに（笑）。

佐高　意地悪く言ったわけじゃなくて、いまの時代の抵抗者として、映画と新聞、また芸能と報道というように、メディアを超えて、あなたに注目が集まっている情勢というのは面白いと思う。

望月　なんだか面映ゆいですけれど。

日本アカデミー賞の授賞式が放映されたのは、新型コロナの感染拡大で自粛要請の最中だったので、夜九時からの二時間番組を家で見ているかたが多かったんです。あの番組の効果が絶大だったみたいで、私もたくさんの方から祝福のメールをいただきました。

『新聞記者』は最大一五二館の上映だったと思うんですが、日本アカデミー賞の授賞式が放送されたことで、一気に一九〇館で再上映されることになりました。それまで知らなかった人や観ていなかった人が「今時こんな映画やってたんだ。面白そうだな」というふうに、映画館に足を運んでくれたみたいです。

佐高　あなたは公式コメントを出したの？

望月　私は出していません。

授賞式の日に河村光庸プロデューサーとランチしたんですけど、「もし獲ったときのコメントを考えているんだ」と言っていました。「会場で一言、言おうと思う」と。

「安倍政権によって表現が抑圧されているけど、いまこそ私たちは気概を見せなくてはいけない」

みたいなことも含めて、政権への批判を一言込めたいといって準備していたようなんです。

当日、授賞式は羽鳥慎一アナウンサーが司会だったんですが、河村さんは、羽鳥さんや日テレ側には事前に「俺、今の政治について一言言わせてもらうよ」と伝えていたらしい。予告もなしに政治的なことを言ったら失礼だろうからということで。

今回の映画は、企画から始まって河村さんが流れを作っていたので、彼が作品について話をするのは当然のことだったと思うのですが、授賞式でプロデューサーが発言を促されるかなと思った瞬間、羽鳥さんは「監督、どうぞ」と言って藤井道人監督に話を回してしまったそうです。

政治的テーマから逃げない韓国の芸能界

佐高　日テレの番組で、安倍政権批判が発せられていたら痛快だっただろうね。でもそこはやはり、読売と日テレという性格を見極めて、事前には何も言わずにゲリラ的にやるべきだったと思うな。

望月　だから河村さんは「用意していたけど聞かれなかったぁー」と言っていましたね。

佐高　私は試写で観たんだけど、ヒロインは韓国の女優でしょう。日本の女優がみんな逃げたという話も聞きましたが。

望月　一つには河村さん自身に、演技のできる俳優じゃないと嫌だという思いが強烈にあったような気がします。

日本の女優さんも何人か候補がいたと聞いてますが、でも映画で伝えたい新聞記者像とその女優さんが合わないと河村さんが判断するなど、いろいろあったらしい。私に電話がきたときは、ヒロインはシム・ウンギョンさんでいくということでした。

シム・ウンギョンさんは韓国で演技力の高さを非常に高く評価されている女優さんで、河村さんは彼女が出演している映画をいくつか観て、ぜひ彼女にやらせたいと思ったみたいです。撮影前の夏は徴用工問題などで日韓が非常にギクシャクしていた時期だったので、そういう状況下であぁいう役を演じ切るというのは大変ではという心配もあったんですけど、結果として彼女はその演技力が認められ、主演女優賞まで獲ったわけですから、本当にすごいことだと思います。授賞式で大粒の涙を流しているシムさんを見て、私ももらい泣きしてしまいました。

佐高　彼女は政治的なテーマや作品から逃げるという発想はないわけでしょう?

望月　そうですね。たぶん政治的映画という解釈ではなくて、いろんな役を日本で幅広くやりたいというふうに思っていたのだと思います。

彼女が所属している「ユマニテ」という韓国の事務所の社長さんも、政治的云々《うんぬん》という観点ではなくて、何でも演じることができる実力派の女優さんだから、魅力的な役をやらせてみたいという考え方だったのではないでしょうか。

佐高　最近、私は遅ればせながら韓流ドラマにハマっているんだけど、韓国で芸能に携わる人たちには、政治的であることは社会的であることであり、それは芸術的なことでもあり得るという感覚があるような気がする。

四年前くらいだったか、韓国の国民的人気ドラマ『太陽の末裔』で主演したソン・ヘギョという女優なんかは、三菱自動車からCM出演の依頼があったとき、それを断るんだよね。

松坂桃李の覚悟

望月　それは三菱グループが戦争協力していたからですかね?

佐高　三菱が植民地支配の時代に朝鮮人を徴用工として働かせていたということと、戦後、正当な謝罪をしていないということだよね。

ソン・ヘギョは、三・一独立運動や安重根の抗議行動にも共感を隠さない。

望月　芸能活動と政治意識が当たり前のように並存しているんですね。

佐高　一方、日本の芸能界は政治意識がなさすぎると思います。

松坂桃李なんかは政治的であることへの「忖度《そんたく》」なしに出演したの？

望月　私の想像ですが、微妙な配慮をしながら、微妙な政治性を伝えてくれたと思います。

これは、いまの体制のなかでどう闘うかという大事な話でもあるので丁寧に話しますが、私も何回か松坂さんの映画の舞台挨拶を見て、もう少し作品のテーマに踏み込んで語ってほしいと思っていました。でも、彼はいろんなCMに出ていますよね。そうすると政治的な発言をするとスポンサーからのクレームがあって、おそらく容易に政治的発言はできないのでは、と思います。政治に関わるような発言は差し控えてほしい、と言われることもあるのではないか、と。

その制約のなかで彼はギリギリ何かを言おうとしているんだなということが、だんだん回数を重ねて見ているとわかってきました。

松坂さんの思いとしては、政治的なことよりも、一人の人間が選択を迫られたときにどうするかということを表現したかったと言っていましたけど、日本アカデミー賞授賞式のときには、

「この作品は僕の知る限り、二転三転、四転五転くらい、いろんなことがあって、それでもこの作品をしっかり届けたいという人が集まって撮り切ることができました。僕自身もものすごくハードルが高い役だと思っていたんですが、ウンギョンさんと一緒にお芝居することで最後まで駆け抜けることができました」

と挨拶した。

あの言葉は、暗示のような匂わせ発言ではあるけれど、彼は彼なりに、言っちゃダメという制約のなかで、時代や社会に踏み込もうとしているのではないか、と私は感じたんですね。

いまや若手の実力派俳優で、いろんなCMのスポンサーも抱えているという立場にいて、何をどこまで表現できるかということを悩みながらやっているんではないかと。だって「二転三転、四転五転」と言えば、どれだけ問題や圧力があったのかと、誰でも思いますよね。

松坂さんはおそらく政治に対する意識も高くて、かつてどこかのインタビューで「欧米の

意識調査で何に関心があるかと訊くと、まず政治経済、その後に芸能がくるけど、日本の場合はまず芸能、その後に政治とか経済。感覚がだいぶ違いますよね」と答えていたのを読んだことがあります。彼は芸能の世界で生きているけれど、もっと国民は政治経済に興味を持たないといけないと感じているのではないか。

そういう意味では、松坂さんはまだ三一歳ですけど、知的な方ですよね。お父様が大学の先生で、お母様も大学の関係者だったこともあり、インテリのご両親の背中を見て育ったということもあるのではないかと思うんですけど。

映画に流れる反骨の血

佐高　本人はいい意味でインテリ性を感じさせないですよね（笑）。

望月　でも馬鹿な感じではぜんぜんないんですよ。

松坂さんは俳優として一〇年以上のキャリアを積まれていると思いますが、撮影のときにスタッフの方々と話をしていると、一〇年くらい変わらずに一線のスターであり続けているのはすごいと言うんですね。どうしてもあれだけ人気が出ると周りはもて囃《はや》す感じになって、本人は意識しないうちに「あれやって。これやって」と徐々にわがままになるのに、スタッフとの受け答えも挨拶も、腰の低さも、全然デビュー当時と変わらない、と言うんです。

だから、人間的な賢さや徳のようなものを備えた人なのかなと思いました。そういう評判を聞くと、監督もスタッフも松坂さんをまた使いたくなるのではないでしょうか。

佐高 ソフトな物腰のなかに、ある種の真っ当さ、知的な政治意識を秘めているというタイプなんだね。

望月 そう言っていいと思いますね。

佐高 かつては映画そのものが不良っていうか、反抗者たちの世界だった。

竹中労という私が大好きだったルポライターの『鞍馬天狗のおじさんは—聞書アラカン一代』って本があるんだけど、望月さんは知ってる?

望月 わからない。その本も、人も。

佐高 アラカンは嵐寛寿郎という戦前戦後に活躍した時代劇スターで、「鞍馬天狗」とか「むっつり右門」といった映画のシリーズが人気を集めた人。たしか森光子の従兄にあたるのかな。いずれにしても大衆娯楽映画のど真ん中にいたわけです。

竹中労というのは、そうだなあ、いまで言えば誰になるのかな。私と言いたいところだけど（笑）、とても及ばない。やはり並ぶ者のいない書き手で、美空ひばりからアナキストの大杉栄まで、芸能スキャンダルから山谷の日雇い労働者の反乱まで、自由自在に論じた稀有な書き手なんだけど、この竹中労が、アラカンに聞き書きして書いたのがさっき話した本なんだ。

この本で、芸術映画ではなく大衆映画スターと思われていたアラカンの、しかし自然体の反逆児ぶりが見事なんです。映画のことを当時は活動キネマと言ったんだけれど、「勘当キネマ」だとアラカンは言う。親から勘当されたような奴がやってる、つまりはぐれ者の営為だと。映画にはもとから反骨の血が流れていたわけだよな。竹中労のアラカンの本は、そのことが伝わってくる素晴らしい一冊です。

望月　へえ、機会があったら読んでみます。

文化は権力と対峙して磨かれる

佐高　だから役者というのは、存在として元来、反体制なんですよ。

ところがいまでは、「スターさん」と祭り上げられた挙げ句、自分は体制側に選ばれた者だと勘違いしたやつらばかりになってしまった。そういう意味で、松坂桃李はそもそもの役者気質をかろうじて持っているんだろうね。

望月　そうだと思います。

かつては反体制的な役者さんや映画人が大勢いて、それを応援する作家の人もいて、権力と対峙することで芸術文化が磨かれて育っていったということですよね。

それがいま、八年も続いている圧政というか暴政のなかで、安倍首相主催の桜の会に象徴されるように、芸能が政権に組み敷かれて声も上げられなくなってしまった。

河村さんもこの鬱屈を切実に感じていて、本来は権力に歯向かっていくべき芸術や文化が潰されているという危機感が根底にあって、『新聞記者』の映画化に突き進んだんだと思います。

佐高　飼い慣らされない野性こそが芸能の輝きだったのに、いま多くの芸能人は権力の家畜になってしまった。世代的にも、河村さんはそこに苛立ちがあるんだろうね。河村さんは全共闘世代ですよね？

望月　そうだと思います。たしか慶應の経済学部にいたころに学生運動をやっていたそうです。
　面白いのが、逮捕されるときにみんなからカンパを集めて、かなり集まったそうなんだけど、それで「俺は捕まるから、半年頑張る」と言って勾留されたらしい。そうしたら、ものの数日で釈放されたそうです。こんなに金を出してもらったのに会わせる顔がないと、じつはそのおカネを使って河村さんは沖縄にしばらく隠れていた。
　それで、沖縄にいるときに、「星の砂」ってあるじゃないですか、文字通り星のかたちをした砂ですけど、あれを見つけたときはとくに何も考えなかったようなのですが、その後、東京に帰ってしばらくして、ある日突然、「そうだ、ビーチにあった星のかたちの砂、あれは売れるのではないか」と思って、それを瓶詰めにして販売したらしいんですね。そしたらそれが爆発的に人気が出て、一攫千金というか、一財を成した。だから河村さんの事務所の名前は「スターサンズ」なんです。

佐高　へええ、面白い人だね。いかにもしたたかな全共闘世代という感じがする。
　森達也が監督した『i―新聞記者ドキュメント―』も河村さんが関わってるの？

望月　『i』も河村さんがプロデューサーですね。常時四、五本、映画づくりを考えているようです。やはりテーマには常にその時代の政治や社会のありかたを問う社会性のある作品をつくりたいらしくて、映画の制作スタッフさんたちからも「妥協を許さず、常に挑戦している。とにかくすごいタフです」と評価されていました。

「本質」で権力悪に迫る

佐高 旺盛な製作欲だね。こんな時代だからこそ、なんだろうね。河村さんは映画製作の現場にも関わってくるほう?

望月 「撮影には口を出したくない」と、初回の撮影以外はほとんど現場に来られなかったと思いますが、『新聞記者』の終盤での、「民主主義はかたちだけでいいんだ」という内閣情報調査官の台詞は、河村さんは「何か足りない」と言って、「この言葉を入れよう」とつけ加えたと聞きました。彼の一言で映画を作り変えた部分もあると思います。すごいセンスだと思います。

佐高 本当の意味でプロデューサーなんだね。

『i』のほうはあなたにとって、またキツいわな。ドキュメントでずっと追っかけられるわけだから。

望月　そうですね。

　森さんが撮影助手もつけると言って、小松原茂幸さんというドキュメントをやってきた方もカメラを回したんです。森さんのことは、佐村河内さんを撮った『FAKE』とかを観ても、面白くするためにどこかで私を〝罠〟に嵌めてくるという言葉が悪いけど、私にとって不本意な面も平気で撮ってくるだろうなって警戒していました（笑）。

　小松原さんは「以前は松本人志さんを追いかけていました」みたいな話をしていて、政治色のない若い人でした。新聞もあまり読まないと聞きましたし、「たまたま望月さんと菅さんのバトルに関心があって、本を読んでみたら、こういう人のドキュメントならやってみたいなと思って。でも政治のことはあまりわからないんですよ」と言っていました。

　なので、カメラが回っているとき、森さんだととても構えていたんですけど、彼のときはあまり気にしないでベラベラ喋っていたんです。ところが作品が仕上がってみると、小松原さんが撮った部分がかなり使われていたんですよね。そのあたりも森さんは上手いなと思って。

佐高　なるほど。助手をつけたのは、油断させて本性を撮るための森達也の戦略だったのかもしれないね。

森達也のドキュメントはもちろんだろうけど、映画の『新聞記者』にしても、あなたは客観的には観られないでしょう？

望月　記者の視点で言うと、官邸前でネタ元に声をかけるとか、絶対やっちゃいけないシーンもあるし、新聞記者の立場からするとフィクションだなと思うシーンももちろんあるんですが、でもトータルで、森友・加計、詩織さん問題など、いまの政治の根本的におかしい部分を大胆に描いているという生々しさがあって、そういう意味でも客観視できない作品ですね。

それと、私たちが日々積み重ねている取材、そしてそれを記事にして読んでもらうという営みと、松坂さんたちが芸能の世界でリアルにさまざまな役柄を演じるのと、権力を告発する、権力の内側を描くという共通するテーマはありますけど、映画や映像というのは、つづく伝わり方や波及力が違うなと実感させられました。そこは、フィクションの強さというか、フィクションだからこそ人間がより人間らしく生きていくための本質を多くの方々に伝えられるという面も感じました。

佐高　あなたがモデルになって、現実との虚実皮膜で権力悪に迫るというところが、映画『新聞記者』のダイナミズムかもしれないね。

芸能が権力に抗う力を、同時代の映画としては久しぶりに見せてくれたという気がしています。

第二章　告発と報道　権力中枢に斬り込むために

内部告発の重要性と難しさ

佐高　映画が話題を呼び、菅との対決が注目され、あなたがこれだけ名前を知られてくると、取材がやりにくくなるということはない？

望月　そうですね。やりにくい面もありますが、一面、やりやすくなったこともあります。つまり、いろんなタレコミが増えましたよね。まあ、それについても、大事なネタもあれば、とんでもないのもありますが。

佐高　内部告発みたいなのも来るでしょう。

望月　来ますね。

佐高　かつてパイオニアで指名解雇というのがあった。いまは普通になってしまったけど、管理職の指名解雇です。解雇を回避する努力をしていないから、それは違法なわけです。それで、私のところに電話が来た。不当な指名解雇について書いてほしいと言うわけだ。

「そのまま書くわけにはいかないから、あらためて取材して、あなたにまた聞く可能性もあるので電話番号を教えてほしい」と尋ねると、「それは困る」と言う。

じゃあ信頼関係もないまま、危険は全部私に任せて書いてくれということになるよね。だからそのことは直接的には書きませんでした。

望月　それはそうですよね。告発ものを扱う場合は、書く側の危険もあるわけですから。

佐高　あなたのところにもそういうのが来る？

望月　まったく名無しの権兵衛で来る場合もあります。それだと、各紙誌に投げているのかなとか思いますけど。

ある夕レコミで、生々しい動画をつけて、施設の虐待を告発してきてくれたんですが、まったく匿名で誰に聞けばいいのかもわからない。そうなると、動画というブツはあるけど、証言が取れないから動きようがないし、書くためには、そこからさらに施設のだれかが状況をリークしてくれるように取材を重ねることが必要になります。

ただ、告発する側としては、近畿財務局の赤木俊夫さんのことを取材していても、何かを話せば自分が処分されるんじゃないかという恐怖や不安が付きまとうわけですよね。欧米と比べると、日本社会では内部告発の正当性が充分に認識されていなかったり、告発制度が根付いていたりしていないということもあります。

だから告発する側は、自分たちが守られていないなかでやっているという危機感があるんだと思います。

佐高　告発についての社会的、制度的な認知というのは、たしかに重要です。ただ、物書きとして私を選んで電話をかけてくるんだったら、こちらを信頼してほしいというのはある。

望月　その後はもう電話してこなかったんですか？

佐高　こない。匂わせるような形では書いたけどね、本当にひどい話だったから。

望月　組織のなかで声を挙げるのが難しい環境で、告発に当たって誰と信頼関係をつくって、どう問題を表沙汰にするかというのは、告発者にとっても、記者や書き手にとっても、難しい問題ですよね。

岸井成格——保守本流記者に芽生えた怒り

佐高　新聞記者というのは、基本的には、まずは疑う商売とも言えるよね。

望月　そうですね。

佐高　きっと人が悪くなるね（笑）。

望月　とくに社会部は。ただ徹底的に権力を疑う一方で、正義のためにやっているとか、弱い人の声を汲み上げるためにやっているという意識もある。

だから私は、政治部の記者を見ていると、この人たちは何のためにやっているのかなと思うことがあります。社会部記者の私のように、ストレートな社会や政治への問題意識でやっていたら、政治部記者は務まらないでしょう。表向きと内心を使い分けないと政治家は受け入れてくれないでしょうし、記者自身も仕事ができない。でも、政治家の懐に入って引き出したネタを、政治家を裏切るかたちで市民のために書き切れるのか、という疑念もある。

政治部でありながら、市民の民主主義のために尽くした毎日新聞の岸井成格さんみたいな方もいましたけど。

佐高　岸井は学生時代からの長い付き合いだけど、彼は自分でも言っていたように、もともとはまったく市民派ではなく、保守本流の政治部記者。私とも長い友情が続いてきた反面、政治論を語りだすと激しくぶつかることも多かったです。

それが『NEWS23』のキャスターになって第二次安倍政権のひどさに直面し、本気で反動と闘うようになった。保守本流を歩いてきた彼のなかにもあった戦後民主主義の理念が、あまりにも歪んだ独裁政権への怒りとなって噴き出したような印象だったな。

まっすぐな性格だから、そうなると逆に一歩も退かず、岸井が市民的な抵抗運動と出会うようにまでなったその晩年は、素晴らしかったと思う。

望月 そういう岸井さんの軌跡は知りませんでした。保守の政治部記者という側面もあったんですね。でもかつての真っ当さをもった保守と、いまの専横を極める政権とはまったく違いますからね。

佐高 岸井が安倍の父親である安倍晋太郎番だった時代に、まだ子どもだった息子の晋三について訊くと、「出来が悪いんだけど、ただ、言い訳の天才だ」と言っていたそうだ。

望月 それはいまにもつながる重要な証言ですね。

佐高 そう思うね。こういう話を引き出せるかどうかも、政治部記者の政治家との距離次第なんだ。

小渕には弱者への目線があった

佐高 ただ、政治家にしても、かつての私の体験談を語るとしたら会社の経営者もだけど、お追従を言うばかりの人間と、厳しいことも言う人間と、どちらを大事にするかという話にもなるよね。イエスマンばかりを周りに置いているリーダーは、リーダーの資質を欠いているし、イエスマンは記者ではあり得ないんだから。

日立製作所という会社があるでしょう。私は日立をずっと批判してきたわけです。修養団に社員を派遣しての禊研修なんていうカルト資本主義そのものの制度がある会社だから。また日立は組合に対する弾圧もひどかった。

その日立の業績が悪くなって傾いてきたとき、電通を通じて内密に話を聞きたいと言ってきたんです、内橋克人さんと私に。それは、内橋克人さんと私がいちばん厳しく日立を批判してきたから。

「そんなこと、私に聞かなくても、いるじゃないですか、おたくの御用評論家みたいなのが。彼らに聞けばいいじゃないか」

と返したら、

「あの人たちは大丈夫としか言わないんです」

と言う。結局、

「冗談じゃないよ。私がいままで書いてきたことをやれば良かったことじゃないか。禊研修をやめるとか、組合とまともに向き合うとか」

と蹴っ飛ばしたんだけど、でも会社の人間もそれなりにわかっているんだなとは思ったところがある。

だから、記者が政治家につく場合も、べたっとくっつくのと、言うべきことを言うのと、真っ当な政治家であれば見極めをするはずだし、記者も距離を取りながら付き合って、報じるべきことを報じることができるはずだと思うんだ。

ところがいまは、百田尚樹なんかがちょっと安倍を批判すると……。

望月 慌てて官邸に呼んで懐柔する。

佐高 そう。首相以下、いまの政治家は、批判を大事なものと認識することすらできなくなってしまった。

かつて小渕恵三が首相だったとき、あるパーティですれ違ったことがあって、私は小渕のことを「オブツ」なんて書いて罵倒していたから、顔を合わせないようにしていたわけ。ところが見つかってしまい、握手を求められて、してしまったんだな。そのパーティにいた小室等や井上陽水から、「その手は石鹸で洗ってもきれいにならないぞ」といって批判されて、私も権力の軍門に下ったかのような気分も味わったんだけど、握手したときに小渕が何と言ったか。彼は、

「批判する人も大事だから、お互い別の立場で頑張ろう」
と話しかけてきたわけです。

私はこれは政治家の度量だと思うと同時に、小渕が外務省の反対を押しきって対人地雷の除去に尽力したことや、中国における旧日本軍による遺棄科学兵器の処理を進めたこと、また評価は別としても、政治家としての最後に野中弘務と組んで沖縄サミットを実現しようとしてその道半ばで亡くなったことを振り返ったりもするんだよね。

望月　小渕さんは、私の知るリベラル派の官僚からも人物として評価されることがとても多いです。まっとうな政治家だったのでは、と思います。いまの自民党と較べたら、はるかに平和主義や弱者への目線を持っていたわけですね。

かつての共産党員を秘書にした角栄

望月　かつては自民党の議員が佐高さんに、「ちょっと助言が欲しい」みたいなこともあったんじゃないですか？

佐高　もういなくなってしまったけれど、かつては自民党にいたリベラル系の、たとえば加藤紘一なんかとはそういう関係だったね。政策や政治理念、平和と民主主義を基調にした日本の進むべき道について、ずいぶん踏み込んだ議論もできたんだけど、いま自民党にリベラル系はいないでしょう。

自民党の長老の山崎拓とか亀井静香とは、距離を保ちながら実のある話というのができるけどね。

そもそも田中角栄にしろ、大平正芳にしろ、かつての保守政治家には人の話を聞くという作法があった。

東京タイムズの政治記者だった早坂茂三なんて、もとは共産党員だった時代もあって、角栄にとって嫌なことを書いて出入り禁止になるかと思ったら、角栄は「新聞記者は書くのが商売だろう」と言う。それで早坂はころっと転んで角栄の秘書になってしまう。角栄は、「お前が赤旗振っていたのは知っているが、そんなことは関係ない。一緒にやっていこう」と言って早坂を迎えた。

早坂の転向ぶりは極端だけど、いまは嫌いとなったら嫌い、敵は敵、という関係しかないよね。

あなたは安倍には会ったことある？

望月　会見で、ですけどね。

　おそらくはそのインナーサークルに入ると面倒見もいいし、チーム安倍の中で親しい記者が重宝がられる空気がこの人の周りにはあるんだなというのは感じるんですけど、かつての自民党の大物のように、右も左も受け入れて、自分の政治を豊かにしていくという構えがある人ではないですよね。

佐高　このあいだ辻元清美と会ったんだけど、安倍は辻元の顔を見るのも嫌なようだと言うんだな。蓮舫、山尾志桜里、福島みずほに対しても、そう。

望月　そういう感じなんですね。

佐高　エレベータで一緒になっても口もきかないと。本当に嫌なんだ。その閉鎖性がかつての自民党の政治家といちばん違うと思う。

望月　だからか。この間も国会で辻元さんの質問のときに、安倍さんはピリピリしていましたよね。そして辻元さんが去るときに、「意味のない質問だよ」と、ひどいヤジを飛ばした。

　女性といっても高市早苗さんとか稲田朋美さんとかは可愛がっているんだけど、好き嫌いが激しいということなのでしょう。

佐高　自立している女性はだめなんだよ。自分になびいてくるタイプはいいんだけれども。

望月　そういうことですね。

前川喜平の清潔感

佐高　何と言っても昭恵がそうじゃないか。昭恵は自立してないから、意外にあの二人は離れられない関係なんだと思う。

あなたは前川喜平さんとはずいぶん前から接点があったの？

望月　前川さんは告発記事が出るとなってから、とにかく連絡をつけるにはどうしたらいいかということで、文科省の先輩にあたる寺脇研さんに間に入ってもらっていました。やはり一社単独なんてありえないから、皆で前川さんを囲みたいので設定してくれという要望を、私がまとめて行いました。そういうドタバタのなかで知り合いました。

佐高　歌舞伎町の出会い系バー通いというスキャンダルを官邸筋が読売に流したと見られているわけでしょう。

あなたも『新聞記者』で書いていたし、私もそう思ったんだけど、前川さんが出会い系バーに調査のために行ったという言い訳は、「それはないだろう」と。たしかに「それはないだろう」という話なんだけど、でも前川さんが姿を現して語り始めた途端に、「たしかにそうなんだろうな」と思えたよね。

　つまり前川という人の存在感が、つまらないスキャンダルを消したし、吹っ飛ばしたし、権力とメディアの醜い密通をあぶり出した。そこがすごいなと思う。

望月　「そういう調査のために出会い系に行くというのも、この人ならありそうだな」と。前川さんが醸し出している清潔感がそう思わせるようになったということですね。

佐高　そう。逆の意味で言うと、スキャンダルを仕掛けられたとき、「あの人ならそんなことをやってしまうんだろうな」という感じになる場合もあるだろうから、これは怖い話でもある。早い話が、私が行っていたとしたら疑われると思う（笑）。

望月　だいたいの男性は疑われますよ。そこをクリアできるって、すごいですよね。寺脇さんが前川さんの横で「でもこいつ、男が同じことしていたら行かないよ」とか言って、からかっていたんですけど、前川さんは、歌舞伎町で出会い系バーに行って日銭で稼ぐ女の子がいる状況を何とかしてあげたいと心から思った。前川さんの場合、そこに、「あわよくば」はないわけですよね、徹底的に。

佐高　そうなんだ。

一時、変な話があって、中年女性たちのアイドルが前川喜平で、中年男性たちのアイドルが櫻井よしこだという（笑）。女性たちは本能的にわかるんじゃないのかな、前川喜平という人の清潔さが。

望月　そんなところに下心を持って行くような人だったら、人気にならないですものね。

佐高　だから新聞記者の仕事というのはやはり、深く疑って、最後は深く信頼するということにもなるね。

望月　権力を深く疑うのは、深く信頼する人を守るため、という面もあります。

通産官僚・佐橋滋の胆力

佐高　『週刊文春』が報じた和泉洋人補佐官と大坪寛子審議官のコネクティングルームのほうは、あいつらならやるなって思う。

望月　そうですか（笑）。

佐高さんは官僚の人たちとの付き合いというのもけっこうあったんですよね？

佐高　深い付き合いをした人は何人かいるけれど、城山三郎が『官僚たちの夏』でモデルにした、ミスター通産省と呼ばれた佐橋滋とは、「自分のことは佐高君に訊いてくれ」と言われるほど近くなってね。

いま経産官僚の今井尚哉が、今井内閣と言われるほど力を持っているじゃない。新型コロナ対策で思いつきのように一斉休校とか、わけわからないこと言い出したりね。今井の叔父にあたる人で、経団連会長だった今井敬もそうだけど、「今井」で言えば、もう一人、今井善衛というのがいる。

これが通産次官になっているんだけれど、そのときに通産次官になることがほぼ内定していたのが佐橋滋だった。

こういうときに官僚はだいたい内示されるわけです、「次はお前だ」と。ところが佐橋という人は、次官になっても強固な平和主義者で、非武装中立を言っていた。私は近かったんだけど、出世を考えるよりも政治家に対してズケズケものを言うわけです。それで嫌われて、土壇場で次官から外されてしまう。今井善衛という今井の叔父さんが次官になる。

平松守彦という大分県知事になった人が、当時、佐橋さんを慕う若手だった。こういう人たちが前の次官と結託して、佐橋はいったん特許庁長官として出て、今井の後に次官になった。そういう因縁があるわけです。

佐橋滋という人はそういう意味で政治家に嫌われるタイプだった。あえて血族に意味を持たせて語るけど、今井尚哉は政治家に好まれるタイプのＤＮＡを確実に持っているやつなんだ。

佐橋という人は在任中から抵抗できたけど、「面従腹背」をモットーにしていた前川さんは、在任中には抵抗できなかった。この時代のズレというのがある。

望月　それは人事を含めてぜんぜん違ったんでしょうね。

佐橋さんは自分を貫いて嫌われることも厭わなかったけれど、それだけ存在感のある人でも人事的には冷遇されてしまうわけですね。

政権に嫌われることを恐れない

佐高　通産大臣が高碕達之助のとき、高碕という人は日中貿易に尽力して日中国交回復の先鞭をつけるんだけど、東洋製罐という会社の会長だった。ここは製缶業である種、独占だった。

それで、別の製缶会社が作られようとするわけ。新日鉄関係だったんだけど、大臣独占の会社だから、次官をはじめみんなが「とんでもない」と言うわけです。ところが、そのとき、企業局次長だった佐橋は許可すると言うんだよ。競争はあったほうがいい、と。

周りから必死に止められると、

「それなら俺の首を切れ。俺は記者会見をして、どういう理由で首を切られたかを話す」と。そうしたらさすがに次官が大臣の高碕のところに駆け込んで、とんでもないことになるからと言って認可されるんです。ここで佐橋が取った、最終判定を世論に託すという態度ね。それはすごく大事だと思う。その覚悟があるから佐橋滋は大胆に自分を貫けた。

望月 やはり世論と公明正大に結びつくというのは民主主義の基本なんですね。

佐高 もう一つ言うと、彼の戦争体験。佐橋は顔がいかつくて、黙っていても不平を言っているように見える。だから、上官にビンタの嵐を受けるわけね。そういう体験もあって、軍隊なんかあったってしょうがないと言って、非武装中立になる。

かつて私は取材のときに恐れ気なく、佐橋に、

「佐橋さんも、赤線に行ったりしたんですか?」

と失礼なことを聞いたことがあるんだ。そしたら六〇歳過ぎた佐橋が顔を赤らめて、「行かなかった」と言う。そのとき、私は、「ああ、この人だったら本当に行かなかっただろう

な」と思った。それは前川さんにも通じる清潔さだった。

望月　女性とそういうかたちで出会うことはしたくなかったということなのかもしれないですね。すごい人がいたんですね。

佐高　佐橋は高潔な人格と、上に嫌われることを恐れない信念を持っていたけれど、いまは政権に嫌われる官僚がいないでしょう。

望月　嫌われるといなくなっちゃうという。

佐高　そうそう。

私が『日本官僚白書』を書いたとき、官僚たちはみんな取材拒否なんだ、表から行くと。取材に応じてくれた一人が文部省の女性官僚だった。官僚組織のなかでも女性は抑圧を感じているし、出世ということでもストレートにはいけないので、やはり言いたいことがたくさんあるわけです。だから取材に応じてくれたんだろうなと思うんだけど。

「審判」を権力に握らせるな

望月　そういう部分と記者も繋がっていくべきということですかね。

佐高　そう思います。
あなたも女性記者ということでハンディを負わされていると感じることはある？

望月　女性だから聞けるという面もあるのかな。でも少し前に、国家安全保障会議がらみで北村滋国家安全保障局長のことなんかを取材しているとき、あそこには女性官僚も入っていたのでアクセスしてみたんですけど、断られました。

ただ、やはりインタビューしていると、一部の官僚たちには「あの菅さんとやり合っている」というかたちで、チラッと共感を伝えてくれることもあります。

官僚の人たちも一色ではなくて、いろんな不満を抱えているんですよね。不満があるからコネクティングルームの話が内部告発的に出てきたりするわけで。

いまは表向き、みんなが政権に忖度してひれ伏すばかりというイメージですが、私たち記者は内部に渦巻く不満を注意深く見つめて、そこから上がってくる「こんな話」「あんな話」を報じていかなければいけませんね。

佐高　それこそが記者の眼力だよね。
それとやはり、内部の人間がいちばん知っているわけです。検察だったら、「黒川は政権におもねるやつだ」とか「マージャン好きだ」とか、仲間や同僚、上司がいちばんわかるわけでしょう。

望月　内部告発に耳を傾ける、あるいはそれを促す記者の力量が問われるわけですね。検察問題だって、SNSを中心とした世論の抵抗や文春報道、またかつての検察トップの意見書がなかったら、あのまま行って、検察庁法含めて内閣の承認があれば何でも変えられるということに流れ込んでいましたよね。安保法制を憲法上問題がないと言った内閣法制局長官の横畠裕介は国家公安委員になっているわけですし、本当に恐ろしい。

佐高　審判が全部権力に握られていく。赤木さんの奥さんがいみじくも言ったように、「安倍首相らは調査される側で、再調査しないと発言する立場ではない」

という話だよね。

政権に対しては、これを突きつけていかなければいけないわけです。

望月　そうですね。「あなたは『調査しない』と言えるような立場にはない」と。

佐高　あれは事態の本質を言い当てた見事なセリフ、見事な切り返しだったよね。

望月　そう思います。赤木さんの妻の雅子さんは、俊夫さんが亡くなられて三年間、夫の遺した手記をもとに悩み考え続けた結果、提訴に踏みきりました。すごい勇気だなと、心から敬意を表します。

赤木さんの妻・雅子さんの闘い

望月　雅子さんは、もともとは近畿財務局や財務省に対して悪い感情を持っていなかった。赤木さんが亡くなって、夫が生前語っていた言葉、手記や遺書を何度も読むなかで、徐々に財務省や近畿財務局が夫の死の真相をうやむやにしていると感じるようになっていったようです。

雅子さんには当初、近畿財務局出身の弁護士が付いていたんです。近畿財務局のある職員のほうから「何かあったらこの方に相談して」というかたちで。

初めのうちはその弁護士を信頼していたようですが、みんなが真実を語ってくれないなかで、公務員の労災にあたる「公務災害」の申請をして情報開示を請求すると、真っ黒の海苔弁みたいな墨塗りだらけのが出てきたりして、その弁護士や財務省、近畿財務局の職員たちとのやりとりで雅子さん自身が傷つけられたこともあったようです。つまりその弁護士たちは夫の赤木さんのためというより、近畿財務局や財務省を守るために動いているのではないかという疑念を抱くようになったわけですよ。

それで不信感を募らせた雅子さんは、泣く泣く相澤さんに電話して、夫の死の真相を明らかにするためには裁判しかないんじゃないかということに思い至っていくわけです。だから文春報道が出る前に、雅子さんは裁判をしようという気構えになっていた。

でも、それまでの近畿財務局に近い弁護士を解任すると、財務省や近畿財務局は雅子さんが何かやってくるなと勘づくわけじゃないですか。雅子さんと俊夫さんの誕生月でもあり、俊夫さんの亡くなられた命日でもある三月に向けて、なるべく準備させないように、一ヵ月くらいの準備で提訴に踏み切ったらしいです。

赤木さんが亡くなったときに雅子さんは夫の後を追いたいと思ったそうですが、今回は夫の遺書を託そうと相澤さんに会った。

相澤さんは、一年五ヵ月前の彼女といまの彼女は、まるっきり変わっていたと話されてました。

今回、報道が出たことで、身近なお友達や世の中全体の人から、広範で熱い応援が来て、彼女自身が別人のようになっていった、と。

夫の遺思を繋いで、同じような立場の人がいまも何ものが言えない状況にあるかもしれないから、そういう人たちがおかしいと思ったときに声を上げられるような社会にならなければと、敢然と立ち上がったんです。

裁判をきっかけに、そういう社会をつくっていければ夫の死もはじめて報われるんじゃないかという気持ちではないでしょうか。

これは本当に、伊藤詩織さんがたどった軌跡とも被ってくるんですけど、何のために立ち上がったかというと、夫の死の真相ということに発して、同じような境遇に置かれた人が大勢いるんじゃないか、夫のような被害者を二度と出してはいけないと、そういうことも考えるようになっていく。雅子さんの身体には生前の俊夫さんの悔しさや思いが染み込んでいる。非常に強い覚悟を感じます。

世論に語りかけるという信念

佐高　自分の問題、あるいは夫の問題に始まって、社会の構造自体を問うというベクトルを持っていくのは変革運動の大事な部分だよね。コロナ状況下で政権の凄まじいばかりの独裁と腐敗、また反動ぶりが際立って明確になってくると、それらに対する抵抗のつながり合いもまたさらに強化されなければならないし、実際にそういう兆しも生まれている。

辺見庸が書いていたけれど、ミネアポリスでジョージ・フロイドさんが白人警官に虐殺されたことへの反対運動のなかで叫ばれている「I can't breathe（息ができない）」は、フロイドさんの殺害を激しく弾劾し、かつ、この時代に窒息させられている人々の怒りをつなげるのではないか、と。これには私も深く共感する。

一方、つなげて考えるべき事実は過去にもある。部下が自殺して、トップが生き残るという構造は連綿と続いてきたわけだ。

遡ると一九七九年のＫＤＤ事件、国際電電による汚職とブランド品密輸事件だとかね。このときも、板野学というのが社長で、部下が二人自殺している。

私は朝日新聞に、部下が二人自殺してお前はのうのうと生きているみたいなことを書いたんだけど、そしたら板野から内容証明が来たね。

私としては、訴えるなら訴えろと。

結局、何もなかったんだけど、そのときに思ったのは、少なくとも部下が二人自殺していて、板野にはそのことへの振り返りなんて何もないんだな、ということ。反省していたら、そこを突かれたからといって内容証明を送ったりはしないわな。

こういう人間は、安倍や麻生と同じなんだ。やつらが「責任を感じている」と言っても、反省していると思ったら大間違い。

反省という痛覚はないし、責任を取るという作法もない。

そこを認識することは一つの勝負どころだと思う。みんな、「あの人たちだって良心があるでしょうに」と言うじゃない？

社会運動に関わっている人だって、そう思ってる。でも、それは違うよ。間違いだよ。

望月　昨年末の『クローズアップ現代＋』だったかで麻生さんが、文書改竄の問題がここまできたら辞任だろうと思っていたけれど、安倍首相に引き留められたという話をしていて、人の心のないような麻生さんもそこまで一瞬は思っていたのに、やはり安倍首相が止めたのかと改めて驚き、権力維持のためにそこまでやるのかと呆れました。

佐高　それは麻生もいろんな人から言われて、とりあえず戦略的にそういう言い方をしたんじゃないの。

あいつらの言い方で私が腹が立つのは、「誤解を招いた」というやつね。

誤解をしたほうが悪いような言い方をする。ふざけんな、誤解じゃなくて正解して怒っているんだよ、と。

望月 だから、いまの権力者に対しては、人の心という部分で語りかけても通用しないという見極めは大前提として、一方で、雅子さんが決死の覚悟で訴えていることまで政権ははねつけるのかと、世の中の心ある人には大抵伝わっているんですよね。

それが政権の当事者には伝わらないという。

佐高 逆に言えば、あなたのような存在が大事なのは、問題の核心、その意味するところを公正な正義感で報じて、それを公正な世論につなげるということだと思う。

望月 さっきの佐橋さんの話ともつながりますが、世論に訴えたときに、どちらが真っ当なことをしているかわかるでしょうと。密室のなかで行われている権力犯罪を暴くには、やはり世論と一体になる、世論に語りかけていくという信念がないとできませんよね。

佐高 そこが報道の生命線であり、そしていまもっとも忘れられていることでもあるような気がします。

第三章　権力と新聞の危険な関係　記者の存在意義とは何か

特捜部で取り調べられた

佐高　あなたは特捜部に取り調べられたことがあったじゃない。あれは日歯連（日本歯科医師連盟）の闇献金事件（二〇〇四年）なんかを追っていたことから？

望月　そうですね。

　私が極秘裏に入手した不正献金リストには、自民党の重鎮、野中広務と青木幹雄などの名前が入っていました。特捜部から、なんで望月に洩れているんだと恨まれて、公明党の坂口力厚労大臣への裏献金を巡る報道で名誉毀損だと告発された部分に関して特捜部から出頭要請があり、二日間取り調べを受けました。

佐高　新聞記者を取り調べるなんて、すごい話だね。

望月　所属している加盟社の記者を調べるということに、特捜部長がゴーサインを出したみたいなんですけど、次席も止めなかったんだとびっくりしましたね。ただ結果として、いつも自分が調べられる人を取材しているわけですが、調べられる側の心理ってなかなかわからないじゃないですか。そこがリアルに感じられたというのはある。

やはり調べられると、ものすごいプレッシャーだし、親には絶対言えないなって、被疑者になったような気持ちになるんです。

一日八時間から一〇時間の調べで、二日間だけでしたけど、午前中はニコニコ顔で、「あなたが望月さんか、頑張ってるよね。なんで新聞記者になったの」みたいな調子で、こんなものなら楽勝だなと思っていると、午後になると徹底的に人格攻撃みたいなのが始まるんですよ。

午前中の調べの後に休憩が入った。あのときは私と先輩二人が呼ばれていて、それぞれが別の検事に調べられているわけです。昼間はそれぞれ休憩を取る。そのとき、先輩たちはこの程度の調べだったら何も言ってないよなとか、何を話したのかなとか、少し不安な思いでいて、間の休憩が異様に長く感じるんですよね。おそらく一時間ちょっとだったと思うんですけど、えらい待たせるなみたいな気がしました。

昼休みが終わって特捜部のキャップが戻ってくると、がらっと空気が変わっている。

「お前はさっき俺に大きな嘘をついた！」

と態度が豹変するんですね。

たぶんいつもの手口なんでしょうけれど、

「そういうことをして恥ずかしいと思わないのか！」

「人間としてどうなんだ！」

「親に顔見せできるのか！」

みたいに畳みかけてくる。

「うわ、変わったわ」

と思って、先輩が何か言っちゃったのかなと考え出したりとかね。そこからは、「もう何も言いたくありません」とこちらは黙秘に入るんだけど、黙秘は黙秘できつい。

「なんで君はそうなんだ！」

とさらに激しい調子で始まって。

たかだか一日の取り調べでヘロヘロになってしまいました。調べが終わって、クラブに戻ると、たしか東京地検か区検の一室を使っていたんですけど、キャップが「よく頑張った！」と寿司を用意しているんですよ。すると、私以外の二人は調べが緩くて余裕だったと、パクパクお寿司を頬張ってました。

取り調べの検事たちは「俺たちはこんなことをやるために特捜部をやってるんじゃねえんだよ」とか言ってたらしい。

「上から言われて仕方なくやっているけど、さっさと終わらせて本来の事件をやりたい」みたいな緩いノリで終わっていたのに、私だけは、

「誰だ！　お前のネタ元は誰なんだ！」

みたいな感じで詰問され続けたんです。だから本気で言わせようと思っていたんでしょうね。もしくは、「お前をマークしてるぞ」と締めつけをしたかったのかもしれません。

墓場までネタ元を明かさない

望月　二人の先輩はその日で取り調べが終わりでしたが、私は翌日も呼ばれました。もちろん、それでも私は緩い調べだったと思いますよ、結果二日で終わりましたし。

取り調べられる側の気持ちに、ほんの一時的にしてもなれたというのは、経験としてはよかった。でも特捜部がわざわざ記者を取り調べるなんていうのは、「密約」を暴いた西山太吉さんみたいな歴史的な大事件は別にして、前代未聞だったんじゃないかな（毎日新聞の西山太吉記者は沖縄返還をめぐるアメリカとの日本政府の密約を暴き、意趣返しとして当時の佐藤栄作内閣から情報提供者の外務省女性事務官との密事をリークされ、追放の憂き目にあ

う)。それだけ私のことが憎かったというのはあると思いますね。

佐高　もちろん黙秘なり何なりで守り通したわけだよね？

望月　そうですね。

でも一日目の取り調べを終えて戻ったときにキャップに、あまりにもキツいと弱音を吐いて、「要はネタ元を知りたがっているようだから、ほんのヒントくらいはどうでしょう」と言ったら、烈火のごとく怒られました。

「ヒントを言ってもいいよ。けれどそれを言った時点でお前は二度とペンを取れないという覚悟で言うなら言え」と。当たり前の話ですが、それは記者は墓場まで持っていかなきゃいけないことなんですよね。

佐高　寿司食いながら？（笑）

望月　私は翌日も呼ばれていたのでお寿司はまったく喉を通らなかったのですが、でもその通りだなと思って。

佐高　特捜部からすると、あわよくば望月衣塑子の口を割らせてネタ元を吐かそうとしたつもりが、記者の覚悟をさらに強固にさせてしまった。

「記者の覚悟」と言えば、菅義偉が自民党が野党だった時代の二〇一二年に出した『政治家の覚悟』（文藝春秋）という本があって、私もかつて菅を問い詰めるためのネタ本にしたことがあるんだけど、新聞労連委員長で朝日新聞の南彰さんがあのなかの一節について菅に訊いたのは面白かった。

望月　あの本には「政府があらゆる記録を克明に残すのは当然で、議事録は最も基本的な資料です。その作成を怠ったことは国民への背信行為」と書かれてあったんですよね。

佐高　あれは文藝春秋企画出版部から出ているから自費出版なんだよ。

加計問題で国家戦略特区ワーキンググループの議事録を公開しようとしない菅に対して、いまあなたが言ったくだりを南さんが読み上げ、

「このように自著に記していた政治家は誰かわかりますか」

と尋ねた。菅は「知らない」と答える。それで南さんが、「これはあなたの本です」と。

望月　じつはこれを二〇一七年八月八日の記者会見でやられて、菅が大激怒。そこから「オフレコ懇談をやりません」と言い出した。夜のぶら下がりをやらないとなって、夏休みもあったので、数週間にわたって菅のオフレコ懇ができない状態になっていました。

番記者たちとのトラブル

望月　番記者からすると、

「どうしよう、どうしよう。菅さんにオフ懇を開いてもらうためには何をしたらいいのか」

ってことになり、いま司会役をやっている上村秀紀官邸報道室長が、オフ懇再開とバーターみたいな話ですけれど、望月の質問は制限させてくれとかいう交渉がはじまったらしい。そのきっかけになったのが菅の自著をめぐってのこのときの質問で、菅は、

「俺に恥をかかせやがって」

というのが相当にあったらしいんです。

佐高　あのやりとりが恥ということは認識しているんだ？

望月　ええ、それはさすがにわかっているのではないでしょうか。

佐高　でもね、オフ懇で生の声とか何とか言うけどさ、そんなものどうしても聞かなきゃならないものなのかって。政治家の生の声って、宣伝とか、自分に都合のいい言い訳を聞かされるということでしょう。

そうではなくて、政治家を追及するネタをバーッと積み上げていって、向こうがどうしても釈明したいという立場に追い込めばいいわけだよね。政治部のいまの番記者には、そういう感覚がまったくない。

望月　そうですね。

今年の一月に私と番記者がトラブったんです。首相主催の「桜を見る会」の疑惑で朝日や毎日や北海道新聞が厳しい質問を浴びせるようになって、彼らの質問も打ち切られるようになりました。二年前の約束では、望月だけ打ち切らせてくれ、あとの記者は「手が下がるまでルール」で指しますからということだったのに、桜疑惑で私以外の記者もバンバンやるようになったため、彼らに対しても「はい、質問はあと一問で」と、勝手に望月ルールを適用するようになった。そうなると、彼らが打ち切られているから、私はまったく聞けなくなってくる。

だから、その後また打ち切られたときに、

「まだあります！」

と言ったんだけど、それは無視されました。次の日に「まだあります！」とやったら、

「じゃあ一問どうぞ」

と言うので、私が、

「いや、昨日も聞けていないので二問聞きたい。二問！」

と言うと、「一問と言ったはずだ」と返されて、ちょっとしたバトルになった。

そこで、「はっきり言ってこの二年間以上、最後まで当てでない、当てても二問という、非常に不当な扱いを私は受けている。ここではっきり抗議させていただきます」と言ってから、一問だけ訊いたんですね。

そしたらまた菅が大激怒。

また望月が不規則発言をしたということになり、

「この会見は記者会が主催しているから私に文句を言うのはお門違いだ」

と言って、またオフ懇をやらなくなったんです。三年前に南君の一言でやらなくなったときの再来みたいな感じになったんですね。

記者が権力の番犬になってしまった

望月　みんなが質問を打ち切られるようになって、番記者たちも不満を持っているわけです

よ。さんざん待たされた挙げ句一〇分で打ち切られて、

「なんなんだよ」

って、ぼそぼそ言っているんですよ。

だから私からすると、そういうことを含めて、私の抗議とも連動して主張してくれたらいいなと思っていたんですが、菅氏がオフレコ懇をやらないとなると、テレビの若手記者たちを中心に、

「望月があんなこと言ったから僕たちのためのオフ懇がなくなった。どうしてくれるんだ」

と、うちの番記者とか、当時の幹事社の朝日新聞記者に、がんがん文句を言い出したようなんですね。

本当なら私の一言をきっかけに、質問の時間を確保してくれとか、もっと平等に当ててくれとか、上村報道室長が意図的な打ち切り宣言をしているけれどそれを改善してくれとか、記者会が主催していて改善を進める権利があるわけだから、もっと彼らに官邸記者室と闘ってほしかったんですけど、オフ懇がなくなってから、ついにうちの記者と幹事社が責め立てられるような構図になってしまった。

これはやはり、どこか歪んでいて、おかしいですよね。

佐高　いかにいまの番記者が権力の番犬になってしまっているかということを示す話だよね。彼らはオフ懇からいったいどんなネタを引き出したと言うんだろうか。

望月　「オフ懇ではそんなにすごいこと言ってくれるんですか？」と内閣記者会の記者に訊くと、「いや、たいしたことは言ってくれない」と。最近だと、横浜でカジノをやるやらないという話がありますけど、何としても横浜に取らせたいと菅氏は思っていて、ところがここにきて東京も手を挙げそうだという情勢で、「小池百合子に手を挙げられちゃうと横浜に回ってこない、これはまずい」みたいなことを菅氏はオフ懇で言っていたらしい。「東京にやられたらまずいわ」と。「オフ懇で得た最近のニュースはそれくらいです」というような話なんです。だからオフ懇ではビッグニュースは言わない。それでも肉声が欲しいという感じらしい。テレビの番記者さんからすると、「僕たちと菅さんのもっとも大切な、これぞ官房長官の番記者が聞けるという場がオフ懇なのに、それが望月のせいでなくなってしまった」と。オフ懇をやらなくてもダイレクトに電話で首相側からネタが取れている読売なんかはほとんど文句を言わないと聞きます。でもテレビの番記者さんというのは、自分たちと菅さんの夜のオフ懇、せいぜい三分とか長くて一〇分とかの囲みがなくなるというのが決定的な死活問題のようです。菅氏とつき合いの長い日経、ＮＨＫ、時事の記者などは、裏でいろいろ圧力をかけていたと聞きました。

かつて政治部記者は「接近戦」をやっていた

佐高　何を報ずるかということと、お前らなんで記者になったんだという話ですよね。いまは銀行に落ちたから記者になったなんていうのもあるんでしょう。

これは、前に話した芸能のこととも重なるけど、そもそも記者というのは歴史的に不良がなる職業なんだから。それが不良でない人がなるようになって、権力とメディアの関係がおかしくなってきた。

望月　たしかにそうですね。私たちもその不良の伝統をもっと知ろうと努力しなければいけませんね。

佐高　正当に反抗しているあなたを陰でくさすような記者たちは、銀行にでも入り直せって。そういう感じがする。

望月　私もかつての岸井さんの話は佐高さんからはじめて聞きましたが、いまの政治部記者は以前の空気を知らないでしょうしね。

自民党内だけを取ってみても、派閥があった時代は派閥で喧嘩したわけだから、記者ももっと喧嘩したんでしょうけれど、いまはその派閥がなくて、自民党内の反対派がほとんど声を上げられない状況だから、記者もまさに官邸だけを向いて仕事をしているみたいな様子になっているようにも感じます。

佐高　たとえば菅が本当に困ったとき、誰を呼ぶのか。やはり三百代言みたいな記者なのか、それともきっちり批判をしてきた者なのか。それは菅の権力者としての度量が問われる局面なんだろうけれど、拡声器みたいな記者じゃしようがないでしょう。

佐藤栄作が退陣表明の記者会見で、「テレビカメラはどこかね」と言った。

「新聞記者の諸君とは話をしたくない。僕は国民に直接話をしたいんだ。新聞になると偏向的な話になるから、新聞が大嫌いだ。帰ってください」

と。そのとき岸井たちが「出ようぜ」と呼びかけたわけです。新聞記者たちは席を立っていき、佐藤はＮＨＫのテレビカメラを前に自分の実績を誇った。

翌日から新聞には佐藤批判がバーっと出るわけだけど、岸井は、「佐藤は新聞の批判的な目にさらされずに国民への独演会をやりたかったんだろう」と言っていた。そして、権力に斬り込まなくなった昨今の政治部記者に強い危機感を感じていたね。

佐藤退陣の時点で、すでにテレビはなめられていたわけだよね。批判勢力ではなく、自らの拡声器だと。

望月　当時の映像が残っていますよね。記者たちが「謝ってください」と言って、佐藤が「俺は謝らないよ」、「じゃあ出ていこう」とやっていましたね。

佐高　岸井の声も入っている映像だよね。

望月　あの映像を見ると、権力と新聞記者が近かったんですね。それは密通しているということではなくて、肉体感のある接近戦をやっているというか。今はこんな感じに仕切られてしまっているけれど。

佐高　接近戦というのは、本来の政治部記者の存在意義かもしれない。

読売新聞からまさかのスカウト

佐高　ところで、あなたの社会意識というか反骨精神がどんなふうに形づくられたかということでは、親父さんの影響は大きいんだよね？

望月　社会意識というような大げさなものではありませんが、いまとなってはああいう父と母だったから私があるんだろうなということは思いますね。

映画『新聞記者』の件で河村プロデューサーの話をしましたけれど、父もそれこそ全共闘世代になるのかな。学生運動をかなりやっていたようですからね。

佐高　反体制のＤＮＡというのは受け継いでいるわけだね。

でも、あなたは誘われて読売新聞に行こうとしたことがあるそうですね。行っていたらいまの望月衣塑子はいないと思うけれど、あれは事実なの？

望月　はい、事実です。

以前の私は、はっきり言ってノンポリというか、政治よりも事件を追っていたいという事件馬鹿みたいなところがあったんですね。そうすると、やっぱり事件に強いんです、読売っ

て。読売は地方支局でも若手記者の警察取材をよく鍛えているし、私はよく抜かれていました。どこ行っても、

「あ、また読売来たよ」

みたいな。他社だと「ちょっと回ってそのまま帰っちゃえ」という感じの記者もいるけれど、読売は常時三人くらいの同期を競わせて、どの記者がよく回ってネタを取ってくるかをキャップが常にチェックしている。だから必然的にみんな頑張るし、体育会みたいなところもあるけれど、しつこく取材する記者が多い。

そこで読売に勝ちたいなというか、むしろ読売に行ってその中でもっと事件の真相を追いたいなという気持ちはありました。単純にそこだったんです。

私が千葉にいたときに千葉県警担当の読売のキャップだった人が、私の実際のネタ元は違っていたんですけど、当時の千葉県警の刑事部長が望月のネタ元になっているんじゃないのかと疑って、そのことを広報課長に、

「刑事部長が望月だけ贔屓《ひいき》している」

と抗議したり、でもそういうふうに、

「望月にやられている」

というふうに見てくれていたようなんです。

その後、その人は横浜支局に移っていたんですね。私もその後、たまたま同じ横浜支局に行ったんですけど、そのとき、「おまえを何としても引っこ抜きたい」みたいな感じで説得されて。事件にもっと強くなりたかったから、行こうかなと考えたんですけど、会社から、「だったら東京の社会部で政治家をターゲットにする特捜担当をやってはどうか」という話があって、特捜部担当を将来やりたかったので東京新聞でもう少しがんばろうと思い、転職はやめました。しかし、その後に整理部に行かされたので、そこからやっぱり現場に出たいなという気持ちが募りました。

父の一言で思いとどまる

望月　整理部は一年半とか二年と言われていたので、この一年半、二年の間にどれだけ取材できるかなと考えたら、やはり現場取材に出たいなぁと、行きたくなるわけです。

声をかけてくれた社がいくつかあったのでお話を聞いたりしたんですけど、読売の人がいちばん自分の性格を見たうえで、

「お前だったら読売で、事件に関してのびのびやれるし、いい機会だと思う」と、素の私を見て引っ張ってくれている感じがありました。でも、「もしお前が読売に来ていたら、今ごろこんな反乱分子を連れてきてって俺も処分されてたかもな」

とか言われますね（笑）。

読売の最終面談の後、人事部に最終的に言い渡しに行く前日に父と会いました。やはり一言言っておこうと思って。

佐高　前日だったんだ。そこで翻意したわけ？

望月　お受けすると言いに行くほんとにギリギリの前日でした。

父には事後報告でもいいんだけど、私が東京新聞に行くと言ったときに父が喜んでいた顔が思い浮かんで、やはり父には転職について一言話しておこうかなと思って。父には就職の相談も進学の相談もしたことがなくて、「好きなように生きなさい」みたいな人だったのですが。

父は建築の設計事務所をやっていた家に生まれて、けっこう裕福だったんですね。親はああしろこうしろと言うタイプで、それが嫌ですごく反抗していたから、だから自分は子どもにはああだこうだ言わず、自由に生きさせたいという人でした。そんな人だから、読売に行くと後日に話しても良かったんだろうけど、だけど何か気になっちゃって。

父が働いていた渋谷駅の近くにあるおでん屋さんに父を呼んで、

「現場に戻れる見通しが見えないから、読売に行くことにしました」

と伝えたんです。はじめは、「わかった。がんばれよ」と言っていたんだけど、ビールが終わって大好きな焼酎が始まって、二時間くらい経ったときに、

「うーん」

とずっと言っていました。

そして、「やっぱりお父さんは読売だけはやめてほしい」と口に出して、私はその場では「わかりました。やめます」とは言わなかったんだけど、すごく父の一言が引っかかっちゃって、結局眠れない一夜を過ごしたんですね。

それで次の日、読売に断ったんです。「もうちょっと東京新聞の整理部で頑張ります」と。

佐高　親父さんの一言によるギリギリの選択だったんだね。
そのとき、あなたはもう結婚してた？

望月　まだ結婚してないです。ジャスト三〇歳くらいだったかな。

読売新聞に残る「与太者」の魅力

佐高　お父さんはなぜ読売が嫌かは言わなかった？

望月　細かいことをこいつに話してもわからないと思ったんでしょうけれど。記者になったときも、おまえみたいな馬鹿でも新聞記者になれるのかみたいな感じだったから（笑）。

東京新聞ということは喜んでくれたんですが、おまえみたいに政治や社会がわからないのに、新聞記者なんて務まるのかみたいな感じでしたね。

でも、読売なんて、あんなのジャーナリズムじゃないみたいなのはありましたね、父は。成り立ちからいまのありようまで体制に近すぎる、そんなのは新聞じゃないんだという見方をしていました。東京や朝日は読んでも、読売はいっさい取らなかったですしね。

佐高　望月家では東京と朝日を取っていたの？

望月　取っていたのは朝日でしたね。私が入ってから東京を取るようになった。父は新聞がすごく好きなので、休みになると買い込んで各紙を読んだりしていました。

佐高　業界紙の記者だったんでしたっけ？

望月　電子経済研究所というところにいたんです。中小企業の社長さんとか社員に話を聞いて、これからの経済動向がどうなるかの分析をレポートしていくような中小企業向けの業界紙。だから新聞記者とは違うんだけど、でもいろんな人に話を聞いて、その先を分析していくというのは新聞記者と重なる部分もあって、父は「記者というのはすごくやりがいのある面白い仕事だと思うよ」と言っていました。

佐高　藤沢周平みたいだな。

望月　そうか、藤沢周平さんも業界紙にいたんでしたっけ。

佐高　そう。私も業界紙にいたわけだけど、業界紙というのは広告と記事が確然と分かれていない。そのジレンマを私にしても一〇年間経験してきたわけだけど、そうすると言論の自由を声高《こわだか》には言えなくなる。逆に言えないぶん、矛盾のなかでそれを貫こうとする気持ちややり方というのも生まれてくるわけ。

望月　私たちにしてもすべて公明正大なわけではなくて、いかがわしさを背負って闘わざるを得ないわけですからね。

佐高　そういうことです。

だから読売について言うと、まさに体制新聞という親父さんの認識は基本的にその通りなんだけど、私からすると、朝日や毎日にないものがあるとも思う。

「毎日まやかし、読売与太者、朝日偽紳士」

という言葉があるけれど、それは与太者の魅力ということね。

私が国会の委員会に参考人として呼ばれたとき、テリー伊藤の『お笑い大蔵省極秘情報』という本、これは大蔵官僚がノーパンしゃぶしゃぶの話なんかを全部しゃべったやつなんだけれど、そのものすごく下劣な話を読み上げたんです。

「田中真紀子なんか相続ですぐ締め上げられる」とか、「我々はわざわざ京都まで行って女を抱いたんだ」とかね。

それは大蔵官僚の下劣さだからぜひとも必要な証言なわけだけど、そんなことを国会の場で言うのかと、騒然となった。越智通雄という元大蔵官僚と、もう一人の自民党議員が非難してきた。私は「何を。ここが神聖な場なんてぜんぜん思ってないよ」と返したんだけど、とにかくあえてそれを読み上げた。

下品さに真実が宿る

佐高　私は翌日、毎日か朝日が、大蔵官僚がこんなに下品なことを言っていると書いてくれると思った。ところが毎日と朝日は黙殺。逆に読売と産経が冷やかし半分に書いた。そのとき思ったのは、つまり朝日や毎日は、自分たちが上品だと思っている。

私は朝日と毎日に裏切られた気がしたのと同時に、この上品さも批判していかなければならないと思い、読売の持つ与太者の良さ、新聞の雑然とした庶民性はそれはそれで評価できるとも思った。

その後、新聞労連に呼ばれて講演したとき、私は新聞記者というのは上品な商売ではないだろうと強調したんです。強請《ゆすり》、たかり、強盗のたぐいだろうと。そこに徹しろと言ったんだ。そしたらだれがこんなやつを呼んだんだという雰囲気になってしまった。

帰り際、新聞記者がこういう感性だから俺がフリーで食っていけるんだみたいな屈折した気持ちでいたら、一人の女性記者が寄ってきて、

「佐高さん、私、立派な強盗になります」

と言った。

望月　いい話ですね。でも、その記者はだれだったんだろう。当時、女性記者はそれほど多くないですよね。

佐高　だれかはわからない。立派な与太者記者になってくれているといいんだけれど。

あなたも触れていた西山太吉の裁判のとき、渡辺恒雄は西山側の証人で出て来て、「新聞記者は、火付け、盗賊、殺人以外は何をやってもいいんだ」と言い放った。これはあのとんでもないナベツネの言だけど、でも正しいよね。

望月　へぇ。面白いですね。いまの記者に聞かせたいですね。

佐高　私はナベツネをずっと批判してるけれど、ただ面白いと思うのは、読売の宣伝部が『やっぱり読売新聞が面白い！』という本を作ったことがあって、その本の巻頭に、私のインタビューを載せたんだ。

望月　どんな本だったんですか？

佐高　就活用の、読売に来させるための本だろうね。中経出版というところから出すわけね。巻頭インタビューが私で、巻末がナベツネと宮崎緑の対談。私は、

「あなたのところに調子いいことは言わないよ」

と断ったうえで、『週刊読売』でコラムを連載する傍ら、他誌でナベツネを批判したことや、あえて読売のいいところを言えば、下品さに真実が宿ることもあるという点だと、就活用にはならないような話をしたんだけど、全部載せたよ。

望月　逆に言うと、ナベツネさんや当時の読売には、「佐高さんみたいな批判的な人もいないとジャーナリズムは成り立たない」みたいな思いがあったんですかね？

ナベツネが辿ったジグザグの軌跡

佐高　結局、読売のなかでは社会部が強いわけでしょう。だから、猥雑さみたいなものが必要だという感覚は、当時はあったんじゃない。それと懐深く見せたいというときに、「佐高にもしゃべらせている」というのがまだ売りになる時代だった。

望月　激辛評論家の佐高さんにもしゃべらせて堂々と受けています、と。

佐高　小泉政権の時代に、『月刊現代』でナベツネインタビューをやったこともある。高杉良さんがナベツネと親しかったから間に入ってもらったんだけど、ナベツネは、

「なんで俺の悪口ばかり言っているやつと会わなきゃならないんだ」

と最初は断った。高杉さんがしつこく頼んでくれて、「じゃあ」と。

「じゃあ」となるところはジャーナリスト、ナベツネだよね。

インタビューの前日、高杉さんと三人で会おうと言われて、ホテルオークラの「山里」で飯を食った。そうしたらその日のナベツネは、最初から最後まで猥談ね。つまりそういう人間の掴み方なんだ。また、煙幕という意味もあったかもしれない。

　いざ対談のときは、またサービスするんだよ。

「俺は今日、はじめての話をあなたにする」

と言う。何かというと、自分には結婚を決めた女がいたと。それは山本富士子がミス日本になったときのミス静岡で、静岡は石橋湛山の選挙区だから、湛山に仲人を頼むつもりだったと。実際に頼んでＯＫしてもらったと。ところが別の女が現れて、ミス静岡を断ることになって、それでいまの奥さん、何年か前に亡くなったけれど、そちらと一緒になる。

　だからナベツネはリベラリストの湛山に仲人を頼もうと思う時期があったんだ。

　いまの奥さんとの結婚のときの仲人は湛山に頼むわけにいかないから、宇都宮徳馬に頼んだということらしい。

望月　じゃあ一回破談させているわけですか。

佐高　破談ということだな。それを「今日はじめて話すんだ」と。

望月　佐高さんが石橋湛山のことを書いたりしているということを知ってて言ったんですか？

佐高　いま思うとそうかもしれない。その前も後も悪口を書いたけれど、でもやはり何者かではあるよ。

望月　石橋湛山も宇都宮さんも反戦平和の人ですよね。当時はナベツネさんもそういうところがあったんですかね。

佐高　そうかもしれない。

　陸軍二等兵として戦争を体験して、共産党に近づいたこともあり、しかし共産党の画一主義に軍隊的な性格を見て離れ、戦後の左翼論壇に影響力を持った花田清輝の弟子にもなり、自民党党人派の代表格だった大野伴睦の懐に入り込む……そういう一筋縄では行かないジグザグな道を辿ってきたジャーナリストだからね。

ナベツネのジャーナリズム感

望月　権力側と反体制側と、どっちも見ているような。

佐高　たしかに、そういう見識を感じる部分もある。私がインタビューしたときも、小泉君の靖国参拝には反対だと言い、さらに、次の総理候補は安倍晋三君が有力だが、彼の靖国神社参拝論には賛成できない、とはっきり言っていました。

自分をキューバのカストロ型の権力者だと言って、小選挙区制は独裁政治を生むとか、新自由主義が健全な日本経済を侵食しているとか、当時としては妙に真っ当なことばかりを言うので、インタビューではあまり批判できなくてね。

望月　まぎれもない権力者だけど、いまの「**右**」とは違って奥行きのある人ではあるんですね。

最近、NHKでナベツネさんのインタビュー番組があって、面白かったと聞きました。

「政治家の内側に入るのはスクープを取るためで、そんなのは新聞記者だから当たり前じゃないか」

と言っていたとか。

佐高　『大野伴睦回想録』という本があって、これが抜群に面白い。大野伴睦とは泥で出来上がったような人だったからね。岸信介が次に首相を誰に譲るかというとき、児玉誉士夫が立ち会って大野を名指ししたけれど、いざとなったときには「肥担桶《こえたご》を床の間には飾れないだろう」と言ったと。

この大野の本をリライトしたのが若き日のナベツネ。

望月　取材力も筆力もずぐれていたと聞いたことがあります。大野さんにいちばん食い込んだんですよね。

佐高　大野は新聞記者が行っても玄関までと言うわけでしょう。だんだん上がっていって、奥の間に行くと、大野の傍にナベツネがいたという話でしょう。

人間力というと変に持ち上げすぎることになるけれど、ナベツネは相手が政治家でも記者でも、いきなりあそこを摑むという話もあった。いまだとセクハラだけど、そういう男同士の接近の仕方をするわけよ。普通の上品な人にはできないよね。

望月　猥談から入るというのは、相手の防御を解くという感じなんですかね。いきなり会って、そっちから入るというのは、なんとも。

佐高　猥談でこられると私も嫌いじゃないから、どこかたらしこまれて、突っ込みが弱くなってしまったかもしれない（笑）。

それは冗談としても、本田靖春にしても、黒田清にしても、ナベツネ体制に抗った清武英利まで含めて、読売社会部のどこか荒っぽい魅力は、ナベツネのジャーナリズム観と関わりがあるんじゃないかという気がするんだ。

望月　私が読売に行っていたら、その担い手になれたかな。うーん、難しい気もする。

第四章　隠蔽と沈黙をぶち破れ　森友問題の新たな核心

語られざる「二つの共犯者」

佐高　森友問題で改めて話しておきたいと思うのは、二つの共犯者が見逃されているということ。

二〇一五年九月三日に、安倍は国有地払い下げの責任者たる迫田英典理財局長と面談している。翌四日には国会に出ないで大阪に向かって、『情報ライブ ミヤネ屋』に生出演。その後、冬柴鉄三元公明党幹事長の次男・冬柴大が経営する料理店「かき鐵」で食事している。ここには補佐官の今井が一緒だったと言われているよね。

この冬柴大は、元りそな銀行高槻支店次長。小学校の建設資金に窮していた森友に、二〇億円を超す融資をしたのがりそな銀行だと言われている。

同じ四日、小学校建設工事を請け負った設計会社所長をはじめとする森友学園関係者が近畿財務局を訪ねて、近畿財務局の統括管理官らと密談したこともわかっている。

さらに五日には、昭恵が森友学園の経営する塚本幼稚園で講演をして、小学校の名誉校長に就任する。

この安倍の二日間をもう一度徹底的に洗うべきだと思う。私の言う共犯者とは、大阪府、つまり大阪維新の会。それと公明党だよ。

望月　たしかにそうですね。

近畿財務局はクローズアップされていますけど、そもそも認可を下すのは大阪府なので、それがなければ森友問題は起こっていなかった。

かつ、橋下徹知事のときに緩められているという状況がありますよね。

たしか当時の有識者委員会でも、資金的なこととか内容的な部分も含めて問題視されていたんですけど、それがなぜか通っていってしまった。ちょうど橋下氏から松井氏に移る時期だったかな。

佐高　それで政府と大阪府は、維新という存在とキャッチボールしているんだな。

望月　だから当初は責任を押し付け合っていたイメージでしたよね。なんとなく話が財務省側にいったので掘り起こされていないけど、でも大阪では維新の問題はそれなりに報じられていた。

佐高　いまはまた関係ないような話になっているでしょう。

望月　森友問題には値引きの問題も根本にあるんですけど、いまは財務省の文書の改竄《かいざん》に焦点が当たっているので。

佐高　国会に参考人として安倍昭恵を呼べというようなときに、それを公明党にぶつけるとか維新にぶつけるとか、自民にぶつけるのはもちろんだけど、多面的に攻めていく必要があると思う。

そういう攻め方にいちばん弱いのは公明党創価学会なんだ。彼らは一応は気にしているわけだから。

赤木さんの告発に恐怖する首相

望月　彼らを巻き込んでいる疑惑なんだから、そこを突けということですね。

佐高　日本会議だったりの安倍コアの支持者を攻めるのももちろん必要だけど、梯子《はしご》を担いでいながら腰が弱いやつらを揺さぶるべきなんだ。

野党もメディアも市民運動もそれをやらないから、コロナの給付金一〇万円の話だって、公明党が強く提言して政府を動かした、みたいなことで手柄を持っていかれ、与党内良心派のイメージが定着してしまっているから、ここまで腐り切った自公独裁体制を、それでもなかなか切り崩せない。

望月　弱い梯子を揺さぶったほうが効果があるのではないかと？

佐高　そう。まして今度は赤木さんの奥さんが、覚悟を決めて告発した（ジャーナリストの相澤冬樹氏が執筆して『週刊文春』に掲載）のだから、それでも再調査しなくていいのかということを公明党にぶつけることもしたほうがいいと思う。

あるいは維新にもぶつけるというやり方ね。

望月　党の会見を共産党はオープンにやっているけど、たしか公明党もやっていますよね。たしかに公明党に突っ込んでいくという戦略はありかもしれない。

ところで、コロナ対策の関係でやった首相会見でのことですが、うちの官邸キャップの一問だけでしたけど森友の改竄のことを訊いたときに、当然、事前に投げている質問のはずなのに、ものすごく声のトーンが弱くなって、か細い声で、

「すごく真面目な方を亡くして非常に責任を痛感している」

と言っていました。

やはり彼のなかで、自分の発言がきっかけとなってあのような改竄があって、現場の誠実な職員が自殺して、あのような生々しい手記が出てきたということに、「相当まずいな」と

いう自覚があるということだけはよくわかりました。

首相の答弁にはすべて台本があるんですけど、この質問に対しては、他と比べて明らかにトーンが弱くなった。

やっぱりそこは突かれたくないというか、かなり気にしている。だからこそ、そこはもっと各社のキャップは突いてほしいなというのはあったんですけど。

佐高　前にも話したように、私は安倍に良心はまったく期待していないんだけど、真実が明らかになって自分が断罪される恐怖から様子がおかしくなるような変化を、記者は絶対に見逃さずに斬り込まなければだめだよね。

それとやはり昭恵の問題。コロナ騒ぎの中での花見の話が出てきて、安倍が昭恵をコントロールできていないという現実が完全に見えているわけだから、新聞は昭恵をもっと追いかけないのかね。

財務省特有の抑圧の体系

望月　なるほど、昭恵さん自身をね。

動きがあるときはテレビのワイドショーがフォローしていたりしますけど、毎日、昭恵についているというのは新聞の場合はあまりない。

ただ、あれこそまさにお昼のニュースや写真週刊誌は追いかけ続けるべきだと思います。彼女が何かしらの綻《ほころ》びになる可能性は今後もあるんじゃないかな。

一応、今井補佐官が昭恵夫人は担当していると聞きましたが、

「**俺には手に負えない**」

と言って匙を投げているということは前々から囁かれている話です。

佐高 テレビや週刊誌が昭恵を追うのは当然として、私はずっと新聞もやるべきではないかと思ってるんです。

それと、財務省というのは追及する相手として、何か風穴を開ける術はないの？

望月 今回赤木さんの妻・雅子さんが、佐川宣寿元理財局長と国を相手に裁判を起こすこととなって、私たちが近畿財務局に取材をかけようとすると、全部一括で本省の広報に行くことになるわけです。

広報に当たると「質問をすべて紙で出せ」と言われるのですが、出しても延々と答えが返ってこない。森友についての質問は、三年前から答えがないものもあります。

つまり向こうとしては、ひたすらこちらが何をしているのかということを知るためだけに出させている。

財務省は答えようという気がそもそもぜんぜんない。それは財務省の省としての気質と言うんですかね。

文科省だと良心のあるリベラルな人が中にはいるので、前川さんみたいな人が綻びをつくり出すことがあり得て、文書が出てきたりすることが期待できるんですけど、財務省は鉄壁の守りというか、省を守るという意識が異様に強い。

近畿財務省の人からすると、理財局長だった佐川さんというのは天皇みたいなものだと言うんです。

だから、逆らえないと。

白いものも黒と言われたら黒と考えるしかなくなる。

あの赤木さんのような正義感にあふれ、筋を通そうとする人でさえも、最終的に追い込まれてしまうという、他省庁にはない、財務省特有の抑圧の体質がある。

佐高　先にも話したように、テリー伊藤が『お笑い大蔵省極秘情報』という本を出して、まあ当時の大蔵官僚たちの覆面座談会みたいなことをしたんだけど、そのときにわかったのは、彼らには馬鹿な政治家を俺たちが動かして守ってやっているんだという勘違いがある。いまでも今井とかが経産省の中でやっているけど、財務省も同じで、俺たちがいなければ何も始まらないと思ってやっているんだ。

教育勅語の問題とは何か

望月　コロナについての首相会見では、神保哲生さんというフリーの記者（ビデオジャーナリスト）が、

「ＰＣＲ検査を、これまで本気で増やそうとしてこなかったのか。本気で増やそうとしたのに増えなかったのか」

と厳しい質問したこともありましたね。

そんなときは首相の横にいる佐伯耕三秘書官という、演説原稿を書いているライターがずっと携帯電話でメモ打ちしていて、たぶん首相の前にある画面にそれが「模範解答」として出てくるようになっているんじゃないかと、見ていた記者たちが推察もしていました。

首相に喋らせるくらいだったら自分たちですべての発言をコントロールしてしまおうとい

う発想があるんじゃないですかね。

とくに安倍さんの場合は、そういう感じが官僚たちに強いんだろうなと思います。彼らからするとやりやすいという空気ですよね。

佐高　そう。いま官僚の力がどんどん増していっている。

安倍の無知と無恥ゆえですがね。

望月　別の章で佐高さんがお話しされてた佐橋滋さんみたいな人がいた時代は、佐川さん的な存在が出てくる空気は逆になかったわけですよね？

佐高　もちろんいまと比べれば官僚の世界に真っ当さはあったけれども、でもやはり佐橋的存在は一割もいなかったのよ。だから佐橋は「異色官僚」と呼ばれたわけだし、城山三郎が小説に書くわけだよね。

望月　なるほど。劣化はあるにせよ、かつても佐川さんみたいな人がいたということなんですね。

佐高　むしろ佐川的なものが主流。佐橋さんは「政治は昔から悪かった」と言ったんだけど、官僚もそういう側面があると思う。

さらに森友問題でもう一度振り返っておきたいのが、籠池泰典という人をどう見るか。

彼は問題が発覚して以降、一時は見捨てられた恨みからか、反安倍の側に与《くみ》するかのような、安倍を告発するような言動を見せていたけれど、そもそも彼は教育勅語を幼稚園児にも教え込むという異常な教育をしていたわけでしょう。

森友問題の事件としての本質から言っても、思想的にも、彼は被害者ではなくて加害者だと私は思います。

教育勅語のことを批判すると、その主旨はいいという言い方がされることがある。

それを稲田朋美なんかが言ってくる。

私はあれがものすごく腹が立つんだ。

「夫婦相和し」とか、根本の倫理じゃないか、と。

しかし倫理というものは強制されて上から言われたくない。ましてや無倫理の極みである現政権に言われたくはないわけでしょう。

望月　教育勅語はその内容も、それが強制されていることも、批判しなければならないと。

籠池泰典のネトウヨ思想

佐高　そう思います。

その内容なんだけど、鶴彬という川柳作家が、「修身にない孝行で淫売婦」と、娘身売りのことをそういうふうに作品に書いた。

痛烈な作品ですよ。

鶴彬は、反軍的な作品によって治安維持法で捕まって二九歳で獄死してしまう。

この川柳は、つまり、親孝行で身を売られたというふうに言われるけれど、それは違うと。修身、教育勅語には書かれていないけれど、その強制力こそが身売りせよと娘に迫るんだということを見破っている。中国の儒教道徳に最後まで反逆した魯迅も同じ視点で身売りをとらえていた。

「教育勅語の主旨はいい」としたら、もうそこで思想的に負けてしまう。

私は迂闊にも認識不足の面があったんだけど、かつて尊属殺人というのは普通の殺人より罪が重かった。

親殺しは倫理的にも法的にも重罪とされた。それが憲法違反だという尊属殺人重罪違憲判決が出るのは一九七三年になってなんだよね。戦後三〇年近く経つまでそうした価値観が生きていたというのを知らなかった。

逆転したきっかけになった事件というのは、栃木で父親から娘が性的暴行を受けて子どもまで生まれ、それでその娘に好きな人ができて結婚しようとして父親を殺してしまうというものだった。

その最高裁判決が、尊属殺人がそれまで重罰できたことはおかしいとして、それから変わった。修身とか教育勅語と言わないまでも、それらが備えていた思想風土は戦後社会にも深く食い込んでいたわけです。

望月　森友問題をそもそもの理念から批判するということがまだまだ不十分だというわけですね。

少し前に映画監督の森達也さんと、私をテーマにした映画の関係で籠池さんにインタビューに行ったら、よくよく聞いていると「九条を変える必要はない」とか言っているんです。「それ、リベラルが言っていることと同じですよね」と言うと、「そういえばそうだな」みたいなオチになってしまっていた。

最近は息子さんの影響なのか、また右旋回しているようですが、結局、籠池なる人物が何者なのかということは、なかなかわからない。

佐高　籠池が一時的に反安倍になったときに、彼の証言に意味があると見て組むというのはいいと思うんだけど、森友問題というのは権限私物化の一大スキャンダルであると同時に思想事件でもあるのだから、籠池とその思想――というに値しないものであっても――を刺し貫かなければと思う。

いま籠池は息子と仲直りして、望月さんが指摘したように息子にならうようにしてネトウヨ思想に回帰しているようだけど、あれは本卦還りだよね。

赤木さんは芸術家肌だった

望月　彼にはもともと「日本会議」にならう強い右派的な思想があって、いまよりはもう少し自民党にリベラルな人たちがいた時代には、彼が役所とかに行くと、ああいう人なので役所が露骨に嫌な顔をしたらしいです。

「うわ、また籠池さん来た」

みたいな。

それが安倍政権になって、教育基本法が改正された後に役所に行くと、お茶とかが出るようになったらしいんです。

そういう空気を見て、「政治家ってすごい。というか、安倍さんはすごい」と。

あれほど役所に疎まれていた自分が、こんなふうにもてなされているといって、教育基本法改正以降に、安倍首相に心酔していったみたいなんです。安倍首相がいれば、周囲の自分に対する目線も変わってくると感じて、「教育基本法の改正から安倍さんの凄さを知った」と言っていましたね。

佐高　安倍がネトウヨを活気づかせ、ネトウヨが安倍を支えていくという構図の典型だな。しかし、変わるほうの役所も役所だ。そんなことで変わるなよと言いたい。

望月　官僚の「忖度」なのか。

官僚の心理って私には本当にはわからないんですけど、彼らは自分なりの思想信条があっても、時の政権の方向にそれを変えられるわけですよね。

佐高　やはり気概がある人は役人にはなれないし、ならないでしょう。例外はいるにしても、それがほとんどだと思う。

私がある意味でなるほどと思ったのは、浅野史郎という宮城県知事をやった元厚生官僚が、

「佐高さん、官僚の汚職とか天下りとかノーパンしゃぶしゃぶとかいろいろ書いていたけど、それを読むと官僚志望者は、官僚になるとこういうこともできるんだと逆に思うんだよ」

と言いやがってさ。

でもそれは、浅野の精神構造も含めて、案外言い当てているんだろうなと。

望月　赤木さんという人は現場の篤実な職員だったと思うんですけど、芸術家肌のところがあって、書にすごく関心があったんですね。書道はプロ級で、篆刻《てんこく》とかまでやっていた。オペラや歌舞伎、落語、建築などにも造詣《ぞうけい》が深くて、とくに作曲家の坂本龍一さんのことは本当に大好きで、『音楽は自由にする』という坂本さんの自伝を大事にしていたようです。

赤木さんは若いころに「坂本龍一探究序説」という坂本龍一論を書いたこともあって、『近畿財務時報』という部内誌に発表しているんですけど、そのなかに、社会の不条理を感じながら音の世界でレジスタンスを続ける坂本さんに触れて、「逃避することのできない社会現象の不合理性や構造の矛盾」

という言葉が出てくる。

いま読むと、将来の彼を暗示しているような一文だとも思えて。

良心に引き裂かれて死んだ官僚

望月　彼の部屋に置かれていた本とか書いた字とかを見ていると、官僚というよりも芸術家という感じがします。だから普通の官僚なら「これでいいんだ」「しょせん、上の指示だ。逆らっても仕方ない」と割り切り、嘘をついても良心の呵責を感じないところが、彼の純粋な正義感のなかでは自分が何より納得することができなかった。

口癖は、

「**僕の契約相手は国民です**」

だったんだそうです。

それ、いまの官僚からはまったくと言っていいほど聞かないですからね。だから官僚のなかにこういう人がいたことに二人の弁護士はすごく感動していて、松丸正弁護士も、

「こんな人がいたこと自体に僕は救われました」

と仰っていましたね。

佐高　自殺した官僚ということでは、思い出す人がいる。山内豊徳という人がいて、山崎拓と福岡の修猷館高校の同期生なんだけど、この人が一九九〇年、環境庁の企画調整局長として水俣病認定訴訟で国側の担当者になる。

立場上は被害者側との和解を拒否し続ける。だけど本心は患者に補償したいわけだよ。それで、自らの内心と職務上の立場の間で引き裂かれて自殺してしまうんだ。

望月　そんなことがあったんですか。なんだかすごく悲しいですね。

佐高　うん。その人がやはり芸術家肌の人で、詩人なんだよ。東大時代には小説とかも書いていて、大江健三郎の小説を読んで書くのをやめた。自分はとても及ばないと。

山内はまた映画青年でもあった。マルグリット・デュラスが脚本を書いていて、アリダ・ヴァリという女優が主演の『かくも長き不在』という映画があるんだけど、知ってる?

望月　いいえ、観てないです、すいません。

佐高　アリダ・ヴァリが演じる主人公の夫がナチに連行されて行方知れずになってしまう。彼女はどこかで古い教会のカフェをやっているんだけど、その前をホームレスが通る。それで彼女は、その男が夫じゃないかと思うわけ。

気になってある日そのホームレスを招待するんだけど、彼は記憶を無くしているんだ。つまりナチにやられたんだろう。

その『かくも長き不在』を山内が大好きで、奥さんに一回だけ観せたことがあるそうです、一緒に映画館に行って。彼が自殺した後、奥さんに話を聞いたんだけど、「なぜ自分にあの映画を観せたか。いま天国から胸ぐらつかんで引き戻してでも聞きたい」と言うんだね。

その取材は新宿の中村屋でやったんだけど、奥さんは泣きながら話していたな。

亡くなる二日前の夜、山内ははじめて無断外泊する。

死に場所を探して見つからず、死ねなくて家に戻ってくるわけです。翌朝、朝食を摂ったあと「昼まで寝るから」と。それで二階で首を吊ったんです。

私は、伊藤正孝という、筑紫哲也さんの後に『朝日ジャーナル』の編集長をやった人から「佐高さん、山内のことを書いてくれ」と言われて、取材しました。伊藤さんも修猷館の同期だった。

彼が弔辞を読んだんだ。

精神を破壊されていく

望月　知らなかっただけに、衝撃的な話ですね。

赤木さんの訴状を読んでいると、やはりだんだん様子がおかしくなってくるんです。

二〇一八年の二月くらいから幻聴が聞こえるようになったり、三月二日に朝日新聞に「森友文書、財務省が書き換えか」と出たあたりからは、

「山に行く」

とか、

「これから死んでくるから追いかけないでくれ」

とか言うようになって、それで雅子さんが引き止めたりとか。

精神を破壊されていくんですよね。その凄まじさは、純粋な人だっただけに痛ましいとしか言いようがない。

雅子さんからすると、二二年間連れ添って喧嘩さえしていなかった夫が徐々に笑わなくなって、変わっていったわけですよね。

三年経ったけど、では当時、何をしたら夫は助かったのかという答えがいまだに見つからないと言われていました。

佐高　だからなおさら、赤木さんには生きて、沈黙を破って、ぶちまけてほしかったと思う。私はそこにも戦前を引きずる教育勅語の精神世界が影を落としていると思うんだよ。人を縛り、沈黙を強い、ぶちまけることを止めるものとして。

道徳とか修養というのは、あくまで個人の問題でしょう。それが接合されるのは、個人をまとめ上げる国家。そこには社会がない。個人と社会の繋がりは切れている。

赤木さんの話とは別だけど、前にも話した修養団という、日立とか東芝とかが社員を派遣して研修をさせる団体がある。

戦前の国家主義団体に起源を持つ修養団が、なぜ戦後は文科省管轄、いまは内閣府に認定されて生き続けているのか、それ自体、教育勅語の延命を証明しているような存在なんだけど、これがなぜか千駄ケ谷の共産党本部の隣にあるから、一回取材しに行ってみるといいと思う。

ここは「愛汗運動」というのをやるんだよね。

その根幹は「怒りを鎮めよ」なんだ。怒るなという話なんだよ。

これは「疑問を持つな」ということでもあるし、「怒るのは修養が足りない人間だ」という話でもあるわけよ。つまり、社会を切り離した従順な個人の完成なんだな。

望月　そこで人間の社会性を潰してしまうというか。

財務王国から「社会」へ脱出する

佐高　そう。だから社会があるということを言わなければいけない。

私は活動家の雨宮処凛と話していてなるほどなと思ったのが、雨宮処凛はリストカットをずっと続けていて、自分をだめな人間だと思っていた。

つまり自己責任の虜だったわけだよ。

それが右翼のパンクバンドをやって、新右翼の活動をはじめてから、自己責任だけじゃなくて社会の責任もあるんじゃないか、と。そこで社会を発見するわけでしょう。

だから赤木さんの自殺について、奥さんがいまだにどう回避できたかが見えないというのは本当に切実だと思うけれど、社会があるというふうに視界が開けたときには違った行動ができたんじゃないか。

望月　あれだけのものを残していったわけだし、それを上司の人と二人で出しましょうと、詳細な手口のファイルを作って、赤木さんは自分自身の正義を貫こうとした。だけど最後にすべてを抱え込んで逝ってしまった。

告発のために作ったファイルと、彼が最後にとった行動はどうしても一致しない。正義感の強い純粋な夫が壊れていく様子をそばで見続けた雅子さんはさぞつらかっただろうと思います。私たちから見ても、たしかに財務王国の内側から社会へと一歩出て、生き続けてほしかったです。

佐高　制度的にもそこをつなぐ回路がなかったし、社会運動の側も彼をケアというかアプローチできなかった。

望月　いま公益通報者保護制度というのが一応あるけれど、告発した人が、結局、その後の人生で社会的に不当な処分に遭ったりしているわけです。

だから制度があってないようなもので、現場で苦悩する官僚たちからすると、自分の本心をどこに打ち明けていいのか、見えなかったと思います。

俊夫さんは、話をメディアに持って行くということも、たぶん考えられなかったのだと思います。

そんな心の余裕を持てる間もなく、財務省という組織の闇に押しつぶされてしまった。

佐高 それと、労働組合がどこにも出てこないよね。

望月 一応あるんですけど、財務省の労組に相談したという形跡はありません……。

佐高 いま、労働組合が形骸化しているから、弁護士が忙しくなっている。

会社や組織の中で不利益を被った場合、労働組合が機能しなくて個人と会社側で、問題解決を一対一で求めるようになったでしょう。

追い込まれて悩む個人には、労働組合がもはや経営側と同じように映るようになってしまった。

弾き出された人のためのネットワークを

佐高 だからいま、労働組合が個人個人の受けている抑圧に向き合って、つながっていく組織として再生しなければいけないのはもちろんだけど、組織から弾かれた存在を緩やかに、でもしっかりと支える新しいムーブメントを、メディアの側も、社会運動の側も、真剣に考えて作り出そうとしなければならないだろうね。

望月　佐高さんは、企業のなかの個人とか、組織と人間というテーマを書いてこられたわけじゃないですか。
これからは、組織のなかで押しつぶされた人間が、どう外側に出ていくか、どう新たな社会と出会うのかが大事になってきますね。

佐高　まさにそうだね。
いま私は新しいムーブメントと言ったけれど、それはやはり支え合うネットワークみたいな質も持たなければならないと思う。
社会が壊滅させられている時代に、社会をつくり出すムーブメントだね。

望月　弾き出された人のネットワーク？

佐高　そう。それが権力とも対峙するような運動性も蓄えていく。そういうイメージだな。
あなたもいまの日本の報道現場では孤立を強いられる局面が多いだろうけれど、やはり人のつながり合いの重要性を痛感することもあるのでは？

望月　まったくそうですね。
助けてくれた人たちは社内にもいましたし、社外の記者さんやジャーナリストの人や運動体の人や弁護士さんとかがいて、何とか戦えたかなと。

佐高　私はジャーナリストは一匹狼であれと言い続けてきて、そこは本質的には変わらないんだけど、他人を分断させて追い込むこの時代に、やはりしなやかでしたたかな連携というのも不可欠だと思うね。

望月『週刊文春』で赤木俊夫さんの遺書のスクープを放った相澤さんがわかりやすくて、森友スキャンダルが注目されていた当時、政権批判がやりづらいＮＨＫでよく森友問題をしつこくやっているなと思ったら、相澤さんが社内でずっと戦っていたわけです。

最終的には考査部という紙面審査みたいな部署に送られちゃって、弾き出されたといえば、彼も弾き出されたんですよね。

でも、出ていった後のいまの彼を見ると、まさに個人と社会の関わりのなかで、自分が何をやりたいのかが非常にクリアになったように見えますし、外から見ても相澤さんというキャラがよくわかるというか、私から見たら、本当に出てよかったと思います。

パージされても新たな出会いがある

望月　雅子さんにしても、もし相澤さんがＮＨＫにいたら、絶対にＮＨＫみたいなところにはこの告発を持っていかなかったでしょう。

信念を貫こうとしてNHKから弾き出されてしまった、夫と同世代の相澤さんが、夫と被って見えたのではないかと思います。

それで、彼女が死のうと思ったとき、彼に託して死のうと。

弾き出されることは怖いけれど、弾き出されてしまえば、新たな出会いがある。また、弾き出された人とのつながり合いをつくっていかなければいけない。

相澤さんは鹿児島ラ・サールから東大法学部という、すごいエリートなんですよね。こんな人がNHKの記者をやっていて、しかもピュアに「一事件記者として」とか言って、よくぞこれだけのことをやっているなと、私はびっくりしていたんです。

まっすぐに自分がやりたいことを報じ続けていて、その際立った感じが天然記念物みたいな人だなと思っていたんですけど。

だからこそ、たぶんいつか潰されるんじゃないかという危惧も感じました。

やはりと言うか、NHKという組織のなかでは生きられなかった。

でも飛び出したことで、彼が本当にやりたかったジャーナリズムを実践できるようになって、それだけじゃなくて、社会を変えていこうという動き自体とつながっているのを見ると、本来ジャーナリズムがやるべきテーマと出会えた人なのではないかと思いますね。

だから本当は亡くなった赤木さんも財務王国を飛び出すことで、彼が本当に言いたかったこと、官僚はこんなことのために仕事をしているんじゃないということ、そして彼の芸術家的な理想が、いくらでも伝えられたのではないかと思うと、本当に残念です。

でも、いまそれができなくなってしまったから、雅子さんが相澤さんや生越照幸弁護士とともに伝えていこうとしているのかなと思います。


佐高　そう言えば、前川喜平さんもかつて詩人だった。

詩集を出していて、その貴重な本を私は持っている。

奥さんに捧げられた詩集なんだけど、前川さんに一冊もらったんです。

私の敬愛する詩人の金時鐘さんが、

「詩はすべての人間に宿り得るものだ」

と言っています。

つまり、詩とはすべての人間にある良心の灯火みたいなものだね。

赤木さんも、前川さんも、そして山内さんも、詩人だったからこそ、国家が強いることと、自分の内面の良心に葛藤したとも言えると思う。

相澤さんの森友問題への執着も、いやがらせに抗いながらのあなたの闘いも、この時代にあっては、やはり詩人の営為でもある。

だからこれからは、人間のなかにひそむ良心という詩が、社会のなかで正当に花開けるような、そのための回路をつくっていかなければと痛感するよね。

第五章　命と生活を懸けて　コロナがジャーナリズムに突きつける

大学時代は右派チックなゼミにいた

佐高　あなたは、慶應法学部の法律学科卒業ですか？

望月　法学部の政治学科です。

佐高　ゼミは？

望月　ゼミは国際政治で、防衛研究所という、防衛省の研究所にいたことのある赤木完爾さんという先生のところでした。

北朝鮮問題なんかをやっていた小此木政夫とか、神谷不二とかの系列の人で、どちらかというと日米安保を最重要視している、慶應の右派的な政治学者です。

国際政治で、どこかきらびやかな世界を想像して入ってみたら、みんなわりと、思想も右派チックな学生が多くて。

佐高　慶應の政治学で主流のね。へぇえ、大学時代はそういうタイプのゼミにいたんだ。意外ですね。

望月　ゼミ時代の同級生は産経新聞に行きましたけど、彼なんかは「夏休みなにしてた？」

と訊くと、

「自衛隊の体験入隊に参加してきた。匍匐《ほふく》前進してきたよ！」

みたいな人で、軍事マニアみたいな学生もいて、何か違うなとは思ったんですけどね。

佐高さんの時代はやはり学生運動ですかね？

佐高　時代的には六〇年安保と全共闘の間だから、運動の高揚期ではなかった。わたしも関わらなかったわけではないけれど、どちらかと言うと運動派ではなく、学究派だったからね。

望月　学究派！（笑）　たしか、好きな先生の、他の大学の授業にもぐりこんでいたんですよね？

佐高　そう。東大の丸山眞男、学習院の久野収、明治の唐木順三、立教の神島二郎、法政の中村哲……。慶應の講義よりも外のほうに夢中だったかもしれない。

望月　すごい向学心ですね。

佐高　当時はね（笑）。

私の同期で、あとから知り合うことになる、朝日新聞に行った田中伸尚というノンフィクション作家、彼なんかは、塾長になる石川忠雄のゼミ生で、私なんかよりはるかに本格的に

学生運動をやっていたから、

「お前の推薦文は書かない」

とか言われて、それを拝み倒して書いてもらったらしい。

拝み倒して書いてくれるところが当時ならではだけど、私は学内では居心地がわるくて、なんか窮屈な思いをしていてね。学生運動にどのくらい関わるかということ以前に、学内の保守的な雰囲気に馴染めなかった。

当たり前の話になるけれど、世の中は保守が主流で、慶應という大学は、世の中をわりとそのまま映しているんだよ。

早稲田なんかだと、大学というコミュニティの居心地の良さはあるけれど、世の中に出ると、学内との違いに苦しむことになる。だけど慶應だと、世の中で少数派になっても学内と同じだから驚かない。

社会運動と家庭生活

望月　なるほど。佐高さんは、学生時代から「浮いているなあ」と感じていて、社会に出てからもそれに近い感覚が続いてきたわけですね。

佐高　そういう感覚はありましたね。

あなたは右派的なゼミにいたそうだけど、学生時代に何かしらの政治的な経験というのはある？

望月　私の時代は、高校も大学も、政治的なことはほとんどありませんでした。いまみたいに安保法制反対で、高校生がデモに行くようなことはなかったですね。

小さいころに父に連れられて、どこかのデモに参加した記憶があるくらいですね。

でも、佐高さんが学生運動に深く関わっていたわけじゃないというのは意外ですね。

佐高　学生運動の高揚期ではなかったと言ったけど、他の大学にいたら違っていたかもしれない。

つまり、学生運動が盛んな大学に在学していて自分も運動に参加していると、若い時分というのは明日にも革命が起こるような錯覚を起こすけれども、世間の保守性がそのまま持ち込まれているような慶應にいると、錯覚の起こしようもない。

若い時期、早い時期に激しい運動に関わると、逆にまた早く変わることがあるじゃない。未熟なときは、「未熟でした」で済まされるけど、ある程度、年齢を重ねてから社会運動に関わるようになった人は、簡単には抜けられないようになる。そういう傾向はあるんじゃないかな。

望月 ああ、多少成熟してから入っていく世界というのは、未熟なときに考えたこととは違いますかね。

佐高 熱に浮かされることがわるいわけではないけれど、充分考えたうえでの行動になるわけだから。

望月 たしかに、それはあるかもしれません。

父は一九四九年生まれなんですが、高校時代から学園闘争も含めて反乱の時代に育った人でしたが、私の大学時代にはそういう社会状況はまったくなかったし、その後、父が続けていた労働者の立場に立った社会運動や、労組の集会で全国を回っていたのを見て、父のようなことはなかなかできないなと、どこか醒めていたかもしれません。

外でやる社会的な運動はともかく、家で母とは激しくよくケンカをしていたので、お酒を飲んで母と言い争う様子を見たりしていると、いくら運動をがんばっていても、家でこんなふうじゃ仕方ないなと思ってしまうときもありました。

ミュージカル『アニー』に出演

佐高　運動家というのは、家でちゃんとしている人はほとんどいないよ（笑）。

望月　あ、そうなんですか？　やっぱり（笑）。どこかに矛盾をかかえているのかな。家でも家族と真っ当な関係をつくって、外に出ると活動家というタイプはいないのかしら？

佐高　私の知る限りでは、いないね。

望月　皆さん激しい？

佐高　怒りの激しさもあるけれど、やはり運動というのは常にいらだつでしょう。愚かしい権力を相手に、ときには虚しい闘いをやるわけだから。うまくいくことなんて、ほとんどない。それに活動家はしょっちゅう出かけているわけだし、子どもや家事をパートナーまかせとなれば、そりゃあ、喧嘩にもなるでしょう。あなたのお母さんは、親父さんの運動には理解のあるかただったの？

望月　父と一緒に運動に携わっているという感じではなかったですね。でも母は、私が小学校のとき、「戦争への道を許さない女たちの連絡会」に所属していて、会議とかの場に一緒に行った記憶はありますけど、その後、歳を取ってからもやっていたわけではなかったと思います。

父は晩年、癌になった後も、北九州の労働争議の集会に行ったりしていて、私は「癌になっていても参加するんだ」と思いましたけどね。

だから闘いは父の生涯のテーマで、彼は死ぬまで活動家というイメージでしたけど、母はそこまで活動に入れ込んだりというのはなかったです。

佐高　二人ともやっていたら、家庭が崩壊する（笑）。

それに親父さんも、うちに帰ってきても安保法制の話じゃ、逃げ場がなくなるわね。なんて言うから私は頭が古いと批判されるんだけど。

学生時代はサークル活動とかは？

望月　ＥＳＳですね。

佐高　慶應に違和感ばかりだった私なんかと違って、あなたは慶應色に馴染んだ明るい学生だったんだろうね。

演劇に関わっていたのは、その前？

望月　私は、練馬児童劇団という区の小さな児童劇団に所属していて、そこで『アニー』をやったんです。

山尾志桜里さんも『アニー』の主役を演じているんですが、彼女のほうは、日本テレビ主催で青山劇場とかでやる大きなステージのミュージカルで、同じ『アニー』でも規模が全然違うんです。彼女は、本格的に女優の道を考えたと言っていました。

佐高　あなたは子どものころ、そういうふうに「化ける」ということに魅力を感じていたの？

吉田ルイ子が伝えた人種差別

望月　美内すずえの『ガラスの仮面』という漫画にはまっていたんですね。演劇少女が主人公なんですけど、それを読んでいると、演じるということをしたくなるんですよ。

それと、一九八〇年代の小劇場ブームのとき、母は三〇代前半くらいでしたが、仕事しながら舞台にはまるんです。

早稲田でやっている小劇場に入ったりして。毎週何本も舞台を観に連れて行ってもらっていました。母は、こんな面白い世界があるんだったら、小さいころからこの世界を知らせたいと思っていたようで、私はいろんな舞台に連れまわされながら、児童劇団に所属していた。

だからなんとなく、中学の前半くらいまでは「舞台女優になりたいな」と思っていたんですよね。

そのあとフォトジャーナリストの吉田ルイ子さんを知って、ジャーナリストというのがおぼろげな目標になっていった。

佐高　吉田ルイ子も慶應の法学部だったよね。

望月　そう。だから彼女みたいになりたいと思ったので、そのまま推薦でいけるなら、と思って進学したんです。

『アパルトヘイトの子どもたち』とか『ハーレムの熱い日々』とか、影響を受けましたね。

佐高　彼女は大学を出てからＮＨＫに入って、朝日放送のアナウンサーになった後、たしかフルブライト交換留学生としてコロンビア大学で学ぶんだな。

それで、同じ大学で学んでいたロバートという白人男性と結婚した。彼は人種差別反対の活動で知られていて、「ハーレムのリンカーン」なんて呼ばれるような人だったんだ。

そして彼女たちはハーレムに住む。そしたら一九六四年夏に、ハーレムで暴動が起こるんだ。マルコムXが暗殺される半年前だから、黒人運動が緊迫していた時代だったと思います。

彼女たちが駐車場に行くと、ロバートの車がめちゃくちゃに壊されていた。それを見たロバートが、「Shit, dirty nigger!!」と言ったんだって。

望月 ひどいですね。それで離婚するの?

佐高 そう。吉田ルイ子はこれにショックを受けて、涙がとめどなく流れるのを抑えることができなかったと書いていたな。日頃、人種差別問題に無知な彼女に、黒人を軽蔑したり差別するような言動をとったりしてはいけないと繰り返し説いていたロバートが、車一台をめちゃめちゃにされただけで「ニガー」と言うのか、と。

これをきっかけに、二人の間にヒビが入ってしまう。

人は群れるから弱い

望月 表向きは差別反対と主張していた人が、いざというときに出ちゃうんですね。

アメリカのミネアポリスで黒人のジョージ・フロイドさんが白人警官に殺されて、差別への怒りが全世界に広がっているけれど、アメリカが抱えた根深い差別を歴史的にも感じてしまいます。

佐高　本当にそうだね。最近の日本の排外主義やヘイトを見ていても、他人事でない話だ。そういう意味でも、吉田ルイ子はやはり先駆的なジャーナリストだったと思います。

あなたは一回会っているんだよね？

望月　そう。会ってると言っても、中学生のときに握手をしてもらったというレベルですけどね。吉田さんはいま八〇歳くらいで、世田谷九条の会の呼びかけ人をなさっていたらしく、いつかどこかで繋がれたらいいなと思っているんですけどね。

佐高　ＥＳＳだったと聞いて、いかにも慶應の女子大生だったんだろうと勝手にイメージしてしまいましたが、吉田ルイ子が体験して伝えたように、アメリカの表と裏を見抜こうとする気持ちがあなたにはあったのかもしれないね。

望月　そんな真っ当なヴィジョンがあったわけではありませんけれど、吉田さんの仕事はずっと頭にありましたね。

佐高　吉田ルイ子はあまり運動家タイプではないと思う。まあ、年齢的にはみんな本当はそうだけど。

望月　俳優の中村敦夫さんにペンクラブの集まりでお会いしたんですが、いまでも脱原発の一人芝居をやっていらして、全国を精力的にまわっていて、「私は気づいた」と。

「歳を取っても、怒っている人は死なないんだ」

と言っておられました。まあ、うちの父は早逝でしたし、岸井さんは怒っていたけど、死んでしまいましたけどね。

佐高　前の章でも話したけれど、岸井はもともとは保守本流の政治記者で、権力に怒りをぶつけ出したのは晩年からだった。

岸井にしても、やはり亡くなった若宮啓文にしても、いまも私が組んでいる早野透にしても、親しくて大事な友人なんだけど、一つ言わせてもらえば、やはりみんな組織人なんだな。個人攻撃されると弱い。そういうことを私が偉そうに言うと、うちのやつに「あなたは単なる雑草だから」と言われるんだけど（笑）。

『聞書アラカン一代』を書いた竹中労が、

「人は弱いから群れるのではない。群れるから弱いのだ」

と言った。これは至言なんだよね。

また、青木雨彦という亡くなったコラムニストが、名刺について面白いことを書いていた。私には肩書きがないけれど、あなたの名刺には「東京新聞」と書いてあるでしょう。青木は、名刺の肩書きのほうの字を大きくしろと言うわけだ。どうせ名前はどうでもいいのだからと。これは組織人に対する痛烈な皮肉だよね。

ただ最近、私は一方で、こういった一匹狼の礼賛だけでは済まない時代になっているとも思うんだ。

あなたは本田靖春なんかは読んだ？

岸井成格を名指しして攻撃した意見広告

望月　読売社会部出身の、『不当逮捕』を書いた方ですよね。
佐高　吉展ちゃん事件を書いた『誘拐』とか、金嬉老の闘いに迫った『私戦』とか、ノンフィクションの重要作品を残している。竹中労の言う「群れるから弱いのだ」というのは、本田靖春もまさにそうで、彼は「拗ね者」と自称したんだけど、ちょっと文学的な一匹狼だった。本田靖春賞が設けられるくらい、くっきりした個性。後輩の書き手に対する影響力というのは大きい。

ただ一匹狼は、一匹狼で終わってしまうところもある。

私がふと思うのは、本田靖春と同世代に筑紫哲也がいたということなんだ。

本田は得がたい個性だけど、本田型のジャーナリストが増えても、社会を変える力という意味では難しいのかなと。筑紫さんは緩いところのある人だったけど、緩いだけにいろんなつながりがあった。だから、この前のネットワークの話ともつながるのかもしれないけれど、一匹狼たろうとするジャーナリストたちの、ゆるやかな連携というのがこれからは必要なんじゃないかな。


望月　それはジャーナリズムだけの話ではなくて、赤木さんのことなどを考えても、社会全体の急務ですよね。

ところで岸井さんは、『NEWS23』のキャスターとして安保法制の強行採決を批判する発言をしたとき、読売と産経に全面意見広告を出されましたよね。

「私たちは、違法な報道を見逃しません」

とかって。

ひとりのキャスターを名指しした全面広告というのは前代未聞の異様さだったと思います

が、あのとき岸井さんも、だいぶこたえてたと聞きました。

佐高　あなたなんかは強いし、がんばっているけど、それまで岸井は毎日新聞政治部長、そして主筆だったから、名指しで批判されることなんかなかったでしょう。

私なんか無神経に、

「岸井、大物になったじゃないか」

と言っていたんだけど、こっちが思うよりもこたえていたと思う。あの広告が出たあと、本番前になるとうちに電話をかけてくることがよくあった。

望月　不安になるんですかね。たしかに、あの広告はあまりにもひどかったですよね。

佐高　私だったら、「**見たか、ざまみろ。批判が効いているな**」と思うところなんだけど。

脅迫電話が入った

望月　それだけ岸井さんに影響力があったということの裏返しですからね。

佐高　そう。岸井とは政治的立場を異にする友人だったのが、彼の晩年に、政治的にも通じ合えるようになったのは意外だったし、嬉しかった。親しいから、つい不満も率直に言ってしまうんだけど、戦後民主主義の真っ当さを掲げて、本当によく闘ったと思うよ。

望月　私なんかは闘っている岸井さんしか知らないところがありますから。

テレビは影響力が大きいので、体制に批判的なキャスターやコメンテーターには、嫌がらせのファックスとか、変なのがたくさん来ると聞きますね。

『サンデーモーニング』（TBS系）に出ている安田菜津紀さんも、毎回一〇〇件くらい、「在日だ」という変なファックスなんかが一時期来ていたと聞きました。新聞はテレビほど影響力が強くないので、きかたも数も全然違う。

佐高さん自身は危険な目にあったりは？

佐高　いろいろあるけれど、どこまでが水増しの脅しで、本当に怖いのはどれくらいか、という話だよな。

望月　辛淑玉さんは、

「脅迫状を出す人は、絶対殺す気はない」

と言っていて、彼女の経験でも、本当に襲おうとしている人は、何も言わずに来て、ダーッとやると言ってました。

佐高　長崎市長の本島等さんを撃った右翼活動家が事務所に訪ねてきたときは緊張したな。

出獄したあと、兄貴分と二人で来た。

望月　何を言ってきたんですか？

佐高　ネトウヨではなくて本格右翼だから、どんな事務所でどんな様子でやっているのかを見てやろうというのもあったんだと思う。

望月　逆に言うと、右翼から、地道にやってるなと思われたということ？

佐高　自前でしこしこやっているな、それは本格右翼は認める、みたいなところはあったかもしれない。まあ、認められても困るんだけど（笑）。目の前に来られたら、性根すわるわな。自分としては堂々と応じたつもりだった。あなたこそ、いろいろなのが来るのでは？

望月　去年の一月から、菅（官房長官）が会見を制限するようになったじゃないですか。手を挙げても、私だけは、

「今の方、一問でお願いします」

となった。

当時は他の番記者はこれまでと同様に三つも四つも訊いていたので、ツイッターでつぶやいたんです。

「他の記者は三つも四つも聞いているが、私だけは一問制限がある。しかも、その理由については官邸は何一つ明らかにしていない。なぜなんだ」と。そうしたら三〇〇〇リツイートされて、その後は二問訊けるようになりました。だけど、二問以上は絶対聞かせないみたいな。

やり取りすると、きっちり応えられないことがたくさんあるから、菅が追い込まれる。そうすると、

「あなたの質問に答える場所じゃない」

という発言が出たりして、それを産経が書いた。で、産経が書くと、ネット上でワーッと書かれ、最後に脅迫電話が入ったという感じでしたね。

言論弾圧以外の何物でもない

佐高　脅迫電話というのは、会社に?

望月　そうです。脅迫電話の件を「日刊ゲンダイ」が報道したら、まずいと思ったのか、な

くなった。その後は質問を制限された分、バトルにならないから、産経も書き立てない。だから、一時よりは嫌がらせは減ったかもしれない。

元朝日新聞の植村隆さんのときと似ていて、産経が、「植村は捏造記者だ」と書いたら、それがワーッと拡散して、植村さんに対するバッシングが増えたと聞いたので、一定数のネトウヨ層が産経ニュースをチェックしていて、そこに出ている人や事柄が、一時的に炎上したりする。

以前は、これだけ政権に批判的に迫っているんだから、炎上しているぶんには、私は見ないので仕方ないかと思っていたんです。

だけど、脅迫電話が来ちゃうと、会社が驚いて畏縮してしまうんですよ。

万が一、何かがあったらまずいというので、それからしばらくは取材も講演活動もだめと言われてしまって。

そのときはじめて、自分がやりたい活動ができなくなるという意味で、まさにこれは言論弾圧以外の何物でもないと思ったし、メディアのありようとしてどうなのかと強い疑問を持ちましたね。

佐高　捏造なんて、政権側のほうこそ凄まじい。この間、集会で、

「偽装、捏造、安倍晋三」

っていうスローガンを聞いて、そのまま私の本のタイトルにしたんだけど（笑）。

いまこの国では、あなたのように少数派の、波乱を巻き起こして社会を変えようとするジャーナリストと、諧調を乱さないようにするジャーナリストと、秩序に積極的に従おう、それを支えようとするジャーナリストがいる。

まあ、二番目と三番目は本質的には一緒なんだけど、二番目を代表する元ＮＨＫの池上彰と対談したことがある。

『創価学会秘史』という本を書いた高橋篤史が言っていたが、いまのジャーナリズムの主流は「池上彰化」していると。つまり、たんなる「解説」ということ。

望月　批判も肯定もせずに読者に判断を委ねよと？　対談してみてどうでしたか？

佐高　まさにあなたの言う「批判も肯定もしない」というところを突いたんだ。果たしてそれがジャーナリズムなのかと。
いま総務相の高市早苗が電波停止発言をしたとき、あれに対して岸井とかテレビのキャスターたちが顔を出して反対したでしょう。あのときも、池上や古舘伊知郎は出てこない。

望月　ＮＨＫの『クローズアップ現代』のキャスターだった国谷裕子さんも出てきませんで

したね。

変えようとしなければジャーナリズムじゃない

佐高　そう。あそこで一つ分かれたと思う。

そのことや安保法制報道について池上に迫った。そうしたら彼は、「反対ということを言って説明をしたら、色がついた答えになるでしょう」と言うんだ。

でも、それはおかしい。

彼は自分でも、解説が自分の役割だと言うんだけど、偏らないこと、誰かの側に立たないことは、結局、いまある権力の側に立つことになるんだな。その根本的な力学を彼は理解しない。

あなたに対しても、ジャーナリズムの公正中立を金科玉条にして、「**偏ってる**」とかって言う人がいるでしょう。

望月　それは多いですね。価値判断を明確にした途端に、お前らはそれをやってはいけないんだ、と。

佐高　でも、「偏っている」というけれど、批判的ジャーナリズムと言う以前に、生きている限り、人間は偏る。偏っていないのは、死んでいるということだ。

　昔ながらの、

「ジャーナリズムの中立幻想」

にも、いま私たちは闘いを挑む必要があるね。

望月　そういう人は、自分は運動などには絶対に関わらず、状況を上から俯瞰《ふかん》する客観的ジャーナリズムという考え方なのかもしれないけど、そのタイプの人たちも含めて、みなさん政治や社会を良くするためにやっているんですよね。

　でも、電波停止発言のような、どう考えてもジャーナリズムを破壊する意図を持った政府の動きに対して、揃って声を上げなかったその空気こそが、あの時点から流れて、森友・加計問題、桜疑惑、検察問題、コロナ対応というふうに、いまの惨状に至ってしまっている。

　電波停止発言については、あの時点で民放連、ＮＨＫ含めて皆で声を上げて抗議するべきだった。ジャーナリストが政府を怖れてしまっては、おしまいですよ。沈黙しないで、一つひとつの不正に、一つひとつ声を挙げていけば、政治は変わるだろうし、社会も変わっていくと思う。

佐高　その覚悟がなければジャーナリストじゃないし、ジャーナリズムに携わる甲斐もない。隷従するためにジャーナリズムをやっている連中ばかりになってしまって、情けない限りです。

産経の報道から脅迫電話に至る流れもそうだけど、あなたをあぶり出して、孤立させて、バッシングするという動きには、日本的な極めて嫌らしい湿っぽさを感じるんだけど、あなたがカミュの『異邦人』なんかが好きだということには、日本離れしたいというか、この湿地帯の同調圧力から距離を取りたいというのがあるのかなと思ったんだけど、そこはどう？いま『ペスト』は状況的に読まれているようだけど、カミュなんて、あなたの年代ではあまり馴染みがないでしょう。

カミュと植民地の人間関係

望月　『異邦人』は、本が実家にあったというのが出会いなんです。カミュは抵抗運動に関わるジャーナリストだったんですよね。それが一つあったかもしれない。

日本の環境から出て、ストレンジャーの感覚を持ちたいとかは、そう文学的な人間でもないので分かりませんが、深層心理ではあるのかもしれませんね。

彼の表現がすごく綺麗だなって思ったんですよね。文学作品なんだけど、ジャーナリストとしての冷徹な目と空気を感じた。

『異邦人』のムルソーは、アルジェリアで生まれ育った植民者の二世になるわけですよね。

佐高　そう。それでアラブ人を殺してしまう。

その殺人を「太陽のせいだ」と法廷で言うシーンが有名だけど、アラブ人が単に殺される存在としてしか描かれていないという批判もあるよね。

だけどムルソーが裁かれるのは、彼がアラブ人を殺したからではなく、日頃の不道徳な行いによってだった。つまりここでカミュは、植民地でのアラブ人の命がいかに軽んじられているかについて、冷徹に描いているとも言える。

望月　植民地で生きることの重層的な関係性みたいなことと、そこでの人間の生き方ということでは、佐高さんが湿地帯と言う、日本にいる私たちにも、じつは深いところで関わってきますよね。

そういう意味では、『ペスト』は、これこそいまの世界状況にリアルに通じてくる。

佐高　パンデミックという限界状況で、カミュの『ペスト』が示した、職務への誠実さとか、大事な存在への愛とかということと、およそ正反対の世界に私たちは生きさせられているからね。

望月　市民の命と生活が大事にされるんじゃなくて、金目のもので動いているんだなということが、はっきりとわかった。

三月中旬段階では、菅義偉官房長官に、「こんな状況で、オリンピックが七月に開催できる見通しがあるんですか？」と訊くと、「専門家会議の知見などを踏まえて、一〇〇パーセント完全なかたちで実施する」みたいなことを言っていたのが、あっさり翌週にはひっくり返る。

「（オリンピックの）中止という選択肢はないです」と言っていた小池百合子都知事が、IOCが開催見送りの検討をはじめると、翌日には、「首都の封鎖（ロックダウン）もあり得る」と言い放つ、みたいな。

かつ、みんなが、どうなるのか不安で仕方ないのに、政府は自粛しろと言うけれど補償はなかなか決まらず、決まっても一向に払われない。

路頭に迷う自営業者の方は山といるわけです。

家賃が払えなくてすでに大変なのに、自粛と解除を繰り返していくかもしれない今後、生活がどう保障されるかの明示もないまま、上からの指示がドーンと下り、かつ、オリンピックのことだけは時々言い放つ。

「命」と「生活」を守るべく発想せよ

望月　本当に自分たちにとっての金目のことと、都合のいいことだけ考えている。この人たちは誰のためにどこを向いて発声し、行動しているのかなと思うと、税金を払っている私たち一人ひとりの市民のためではないことだけは確かですね。

市民の命と生活が根本から脅かされているこの非常事態でさえ、本来は国民のため市民のためというかたちで政治家になっていながら、彼らはぜんぜん違うところに目が行っているんだな、と。

だから一部の官邸政治家・官邸官僚たちの存在自体が、ものすごく利権にまみれた感じがしてしまいますね。

佐高　改めて、この国には公というものがないんだなということを再確認したというかね。

網野善彦さんが歴史研究のなかから見出した概念だけど、領土、領海の外に、「公海」というものがあるわけでしょう。

国を超えるものが公という話なんだけど、それこそが、あなたの言う市民の命と生活という人間の根本的な生存権、またその保障ということだと思う。

それがこの国にはまったくない。こいつらにコロナ対策なんかされたらアウトだなと思う。事実、アウトになってしまっている。

望月 大事なところなので振り返っておきたいんですけど、三月下旬ごろ、現場の医師や、専門家委員ではない、信頼に価する感染症の研究者や医師会の人たちは、この事態に危機感を持ってもらうためには緊急事態宣言を出してもらったほうがいいと要望していたけれど、結局それは財界から、経済が止まったときの影響が大きすぎるという提言があって、四月七日まで先送りになっていたという面があると思います。

国としては、経済でコケたら安倍政権はもたないという判断が、とくに今井尚哉首相補佐官や菅氏あたりには強かったので、まだ感染爆発はないと見て、すぐには手を打たなかった。

三月はじめの時点でやらなかったのはなぜかというと、別に国民の生活を考えてのことじゃなくて、これもやはり金目当てだったのではないかと。オリンピック開催と習近平中国国家主席の来日を優先させていたのではないかと思います。

佐高　それはその後の、ＰＣＲ抑制策による感染実態の隠蔽、アホらしくて語る気にもならないアベノマスク騒動、ルイ一四世的くつろぎ動画投稿、補償拒否、さらに、巨大スキャンダルと言うべき電通と、そこから先のパソナへの給付金事業委託など、この政権のコロナ対応すべてに見て取れるうすら寒い実態だよね。

政府が自分たちの政権維持と経済独占だけに腐心して、市民の命と生活を蹂躙《じゅうりん》して恥じない以上、いまこそジャーナリズムは徹底して市民の命と生活から発想して、権力を倒さなければならないね。

そうでなければ、市民の命と生活は消し去られてしまう。

望月　ほんとにギリギリの局面ですよね。「東京新聞」も、これから緊急事態宣言下での一斉休校やＰＣＲ検査、アベノマスクなど政府の政策についての検証報道を続けていきます。コロナの第二波、第三波が警戒されるなかで、メディアが権力や政府の動きをどこまで冷静にチェックし、伝えていけるか——。

ジャーナリスト、新聞記者としての正念場だと思います。

あとがきにかえて　望月衣塑子というひと

勇気は外側から与えられるものではない。内側から湧いてくる——。

「きちんとした回答をいただけていると思わないので、繰り返し聞いています」

菅義偉官房長官に執拗に食い下がった望月に、官邸寄りの方面からバッシングがはじまったころ、元文部科学官僚の寺脇研の紹介で彼女に会った。

そのとき私は彼女を励ます意味で拙著『抵抗人名録』(光文社知恵の森文庫)を渡した。理不尽と闘う仲間としてこういう人たちがいるよ、ということを伝えたかったからである。その本には、作家やジャーナリストに限っても、城山三郎や澤地久枝、そして辺見庸が並んでいる。

彼女が報道に携わるようになるきっかけは、母親に薦められて吉田ルイ子の『南ア・アパルトヘイト共和国』(大月書店)を中学生時代に読んだからだったという。新聞記者となり、機会があって吉田と会った望月は「まず小柄なのにおどろいた」と自著『新聞記者』（角川新書）に書いている。「にもかかわらず、ほとばしるようなエネルギーを放っていた」と続けるが、小柄な点とエネルギーの発熱は望月も同じである。

望月は母親によって演劇の楽しさに魅せられ、一時は舞台女優になろうと思った。「大きな声。人に見られていても物怖じしない度胸。そして、感情移入しやすい性格。演劇を通して身についたものは、その後に志した新聞記者の道でも私を支えてくれている」と望月は同書で述懐しているが、私は彼女が小さいころは引っ込み思案だったと告白しているのに驚く。

好きな作家がアルベール・カミュで、好きな映画は『灰とダイヤモンド』と語るのには、その渋さに「いったいいくつなんだ」と反問したくなるが、「いちばんの宝物」は「早めに亡くなった両親の写真」だという。両親はともに早世し、七〇歳を迎えることはなかった。

「だから、言ったではないか。疾《はや》くに軍部の盲動を戒めなければ、その害の及ぶところ実に測り知るべからざるものがあると」

戦前、関東防空大演習を嗤って『信濃毎日新聞』を追われ、個人誌『他山の石』を発行した桐生悠々は、二・二六事件が起こった直後にこう書いた。

黒崎正己著『新聞記者・桐生悠々　忖度ニッポンを「嗤う」』(現代書館)に寄せた推薦文で、望月は、

「多くの記者が長いものに巻かれ、戦争報道に突き進むなか、闘い続けた桐生悠々。今の記者にその覚悟はあるのか」

と書いているが、それは自らへの問いでもあるだろう。

衣塑子という珍しい名前は、萩原朔太郎に関係があるらしい。「帰郷」と題する萩原の詩はこうはじまる。

わが故郷に帰れる日
汽車は烈風の中を突き行けり。
ひとり車窓に目醒むれば
汽笛は闇に吠え叫び

火焔《ほのお》は平野を明るくせり。
まだ上州の山は見えずや。

私はこの一節を何度口ずさんだかわからない。
最後に、望月に能村登四郎のこんな句を送ろうか。

幾人か敵あるもよし鳥かぶと

二〇二〇年六月

佐高　信

あとがき　ジャーナリズムの危機と光明と

コロナ禍が訪れる少し前から、佐高さんとの対談ははじまった。評論家の佐高信さんのことは、『朝まで生テレビ！』（テレビ朝日系）で田原総一朗さんを司会に激しい論戦を繰り返していたのを、学生時代によく目にしていた。歯に衣着せぬ質問、切れ味の鋭い政治論評を読む限りは、さぞかし強面の方なのだろうと思っていた。だが、元文科省官僚の寺脇研さんの紹介で最初に会った佐高さんは、語り口がソフトで笑顔に溢れたおじさんだったので、正直拍子抜けした。

「よく言われるんだよね。顔や文章が怖そうだから、さぞかし怖いのかって思って会うと、そうでもないいんだなって」

対談中も笑わせようとギャグを合間に挟み込んできた。

かつての学友で長年の親友だった故・岸井成格さんが、安保法制の強行採決をテレビで批判し、読売新聞と産経新聞に意見広告を出した後、佐高さんに『ＮＥＷＳ23』（ＴＢＳ系）

の本番前に電話をかけてきたというエピソードを聞いても、権力と対峙し続けてきた佐高さんには、言論人をも包み込むような優しさを感じた。

二月五日、豪華客船「ダイヤモンド・プリンセス号」での陽性者確認を機に、新型コロナの感染力の凄まじさと重症化した場合の危険性が、連日、メディアを通じてつぎつぎと伝えられ、国内はさながらコロナパニックの状態に陥った。

客船に対して、安倍政権は、船内隔離の対策を打ち出したが、船内を視察した感染症専門家の岩田健太郎神戸大教授が、「危険ゾーンと安全ゾーンの区分けがまったくできていない」とユーチューブ動画で告発、世界で一〇〇万回以上の動画が再生されるなど、船内隔離のお粗末な日本の感染症対応が浮き彫りにされた。

欧米各国は、乗船者を帰国後も二週間、施設で隔離して様子を見るなど、徹底的な封じ込め対策を取っていたが、厚労省は、日本人の乗船者を公共交通機関で帰宅させた。その後、帰宅者の中から新たな感染者が出て感染者が通っていたスポーツクラブが閉鎖されるなどが続き、急遽、電話で帰宅者に自宅待機を促すなど、政府の対応も二転三転した。

市中感染率を調べるためのＰＣＲ検査も遅々として進まず、四月後半にようやく一日最大で一万件を突破した程度。危機感を強めた医師会が首相に緊急事態宣言を迫り、東京都医師会が独自で検査所を都内二〇ヵ所に設置する方針を打ち出すなど、政府の危機管理対応の遅れに医師会からの不満も募った。

総額四六六億円もの税金を投じるアベノマスク、星野源さんの動画を利用し、首相が自宅でくつろぐ様子を公開した「ＳＴＡＹ　ＨＯＭＥ」など、海外からもお笑いネタにされてしまうような対策も次々と打ち出され、あっけにとられた市民も多かったはずだ。

コロナを巡ってはこの本の冒頭の書簡を書いた後、さらにドタバタの展開が続いたため、少し加筆させていただきたい。

雇用調整助成金などの休業補償の支払いが遅れるだけでなく、中小企業支援の持続化給付金については、経産省と電通の〝癒着〟ぶりも露呈した。飲食店はじめ事業者の倒産が急増し、リーマンショックを優に超える失業者数が出て、日々の食事や住まいに困る人たちが溢れる中、政府が補正予算案で通したのは、コロナ後の経済復興への「Go To キャンペーン」一・七兆円だったというオチまでついている。

本格的なコロナ禍が訪れる直前の一月三一日に、官邸は前東京高検検事長の黒川弘務氏を次期総長にしようと目論み、検事長の定年延長を閣議決定した。

検察官の定年は国家公務員法ではなく、特別法の「検察庁法」で規定されるというのが長年の法解釈で、定年延長には法的根拠がなく、違法性が高い。一九八一年の政府答弁では「検察官に適用されない」と人事院幹部が明言していた。今国会でも野党が批判し、自民党内でも疑問の声がわき上がり、田中角栄元首相を逮捕したロッキード事件に関わった元検事総長ら検察OBが異例の抗議文を提出する騒ぎにまで発展した。

その最中、「一人でTwitterデモ　**#検察庁法改正案に抗議します**」と三〇代の女性会社員「笛美さん」がウェブの片隅で始めたデモの波紋が、たちまち大きなうねりに発展した。それまで政治的な発言をすることが少なかった文化人や芸能人にも賛同の声が広がり、著名人もハッシュタグをつけてツイート。呟きは九〇〇万を超えた。

官邸はなぜ、黒川氏の定年延長に執拗にこだわったのか。URの移転補償に絡んだ口利き事件で、甘利明元経済再生担当相の秘書らの不起訴処分などが行われた当時、法務省の官房長だった黒川氏を菅義偉官房長官が高く評価していた。延長の表向きの理由は「重大事件の処理」「余人を持って代えがたい」などと説明していたが、検察が当時、表で扱っていた政治案件は河井案里参院議員陣営による公選法違反事件ぐらいだった。

案里氏の夫の河井克行前法相は菅氏の「子飼い」で、裏金配布に主導的に関与した疑いもすでに何度も新聞などで報じられていた。克行氏の関与や、一億五〇〇〇万円にものぼる自民党本部からの交付金についても今後、検察の捜査で明らかになっていく可能性は高い。

一方、東京高検検事長は広島地検の事件指揮はできないが、検事総長なら関与の余地がうまれる。菅氏や杉田和博内閣人事局長（内閣官房副長官）らが、黒川氏を「官邸の守護神」として扱い、将来の検事総長に考えていたことは明らかで、ほかに延長する理由は見当たらない。

コロナ禍において、地味でマニアックな検察庁法改正案なぞ、火事場泥棒的に数の力で法案を通してしまえ、という官邸の奢りもあったように見えた。それが、ツイッターをはじめとした抗議に火に油を注いだ格好となった。ネット上の市民の声、民主主義を強く求める人々の渇望が、世論を動かしていく新たな時代に入ったように感じた。

〝黒川総長〟に最後のとどめをさしたのは、『週刊文春』による「賭けマージャン報道」だった。緊急事態宣言発令中の五月に黒川氏と産経新聞の記者二人、朝日新聞元記者の計四人が賭けマージャンに興じていたことが発覚。首相は世論の反発などを想定し、五月一七日の夕方には、法案見送りを菅氏に指示、翌一八日、首相が法案の見送りを記者団に告げた。

黒川氏は辞職し、法案も見送りとなったが、違法な定年延長や政権による検察への関与の問題が解決したわけではない。国会が閉会した六月一七日には、任期延長の「特例規定」を撤回する方針を政府は固めたが、閣議決定はまだ取り消されていない。コロナ禍での安倍政権の**不穏な動き**を忘れてはならない。

「賭けマージャン事件」は報道の自殺でもあった。産経記者の一人と朝日元記者は、かつて私が司法クラブに在籍したころからの顔見知りで、二人とも優秀な人物だった。当時、彼らの同僚や後輩は連日、ネットの動きや検察官ＯＢの抗議を報じ続けていた。ところが、産経記者の一人は、定年延長を巡って各社が批判記事を書いていた最中に、閣議決定を追認するような記事も書いていた。

今回の不祥事で「報道の公正らしさ」は棄損されてしまった。

相手の懐にまで深く入り込む取材は、時にスクープや深い解説記事を書くためには必要だ。しかし、権力の内側を描けないようではただの**なれ合い**にしか見られない。

なぜ、私たち記者が、懐に入り込む必要があるのか。

権力の内側に潜む問題を、内部をよく知る記者として世に出し、その問題を問うためではないのか。

心が通じた相手を、最終的にはペンの力で斬らなければならないときもある。黒川氏が、菅氏や杉田氏をはじめとした官邸の中心人物たちと定年延長やカジノ法案などを巡って、これまでどのようなやりとりをしていたのか、その権力の生々しい内幕を、是非とも彼らには描いてほしい。

このあとがきを書いている最中の六月一五日、森友改ざん事件で佐川宣寿理財局長らに改ざんを指示され、亡くなった近畿財務局の赤木俊夫さんの妻雅子さんが呼びかけた再調査を求めるオンライン署名が三五万人を突破し、雅子さんの代理人の生越照幸弁護士と松丸正弁護士が、内閣官房総務官室の担当者に署名と首相に再調査を求める雅子さんの直筆の手紙を手渡した。

二〇人近くの内閣府・内閣官房の職員らが見守る異様な厳戒態勢の中、二人の弁護士が五箱分の署名を担当者に手渡した。署名には一万二〇〇〇人がコメントを寄せ、「日本の民主主義にとってとても大切な問題です」と真相解明を迫る人々の声が相次いだ。

雅子さんは、署名の呼びかけで「今でも身体の半分をもぎ取られたような気持ちだ」と書き綴り、首相への手紙には、「夫の死が無駄にならないためにも私は真実が知りたいです。再調査を実施してください。お願いします」と、改めて再調査の指示を首相に求めた。

「私や妻が関係していたら、総理も国会議員も辞めます」――二〇一七年二月一七日の首相発言を機に、佐川氏は改ざんを現場に指示し、赤木さんは良心に背いて改ざんをさせられ、死に至った。検察はこれを事件化せず、関わった三八人の財務省職員らを全員不起訴にし、真相は闇に葬られたままだ。

「黒いものを白」と言い続ける安倍官邸の官僚を取材するだけで日々、辟易していたが、佐高さんとの対話を通じ、厚労省の宮本政於さん、通産官僚の佐橋滋さん、環境庁（当時）の山内豊徳さんはじめ、赤木さんのように信念を貫き、正義感に溢れたまっとうな官僚たちがいたことを知り、少し救われる思いがした。

山内さんの姿は、赤木さんと重なる。二人とも純粋で正義感が人一倍強かったゆえに、政治と行政との板挟みに苦しみ、良心の呵責に苛み、追い込まれてしまったのだと思う。

官僚の仕事は政治の影響を受ける。だが、それは、彼らの良心や正義が政治の手で押しつぶされていいことを意味していない。赤木さんや山内さんと同じような被害者を、私たちは二度と出してはならない。

既存のマスメディアが、問題だらけなのは言うまでもない。賭けマージャン問題は、起こるべくして起きた問題だ。記者クラブ制度の中で、長年にわたって育まれてきた権力とメデ

ィアの「癒着」は、SNSが発達してきた現在、世論から厳しい批判の目にさらされていることを、メディアに携わる私たちはもっと自覚しなければいけない。

外務省の密約をスクープし、その後、外務省の機密電文を省職員に持ち出させたとして特捜部に逮捕され、有罪判決を受けた元毎日新聞記者の西山太吉さんの裁判で、読売新聞グループの渡辺恒雄本社代表取締役主筆が、「新聞記者は、火付け、盗賊、殺人以外は何をやってもいいんだ」と言い放ったとの佐高さんの話が心に残った。

いまの記者は、みな揃っておとなしく、サラリーマン化が進んでいる。型にはまったこと以上の行動をするのを極端に恐れるあまり、取材相手を追及し、本音を吐き出させようとする気迫が感じられない。

六月一八日の午後六時から開かれた首相会見では、わずか会見の三時間前に河井克行前法相と妻の案里議員が公選法違反容疑で逮捕されたのにもかかわらず、事件についての質問は、事前に質問を投げていた幹事社・フジテレビだけ。しかも、「自民党から振り込まれた一億五〇〇〇万円の一部が買収資金に使われたことはないということでいいのか」と、「ない」を前提にした誘導的な質問で、首相は「任命した者として責任を痛感している」と答えただけだった。

当然、記者は「どう責任を果たすつもりなのか」「買収資金に交付金が使われたか、調査するのか」など追及を重ねなければならないが、だれも続かない。産経新聞は憲法改正についての首相の意気込みを、NHKは北朝鮮対応を、日本テレビはポスト安倍について。その質問に答えるかたちで、首相は自分の支持者向けのメッセージとも聞こえる話を続けた。

質疑を見ていてめまいがした。国会議員二人による大規模な買収疑惑は、憲政史上まれにみる大事件。しかも一人は前法相だ。その質問がわずか一つしか出ないとは……。会見にいる政治部記者は疑惑の重大さを理解していないのだろうか。「黙って挙手して」など、官邸が勝手に決めたルールにおとなしく従っている場合ではない。制止を振り切ってでも追及すべき場面だった。記者の凋落ぶりを示すダメ会見で、これは後世に語り継がれるだろう。

なぜ、内閣記者会は国民と乖離した質疑しかできなくなったのだろう。かつて首相会見の司会進行役は、幹事社の記者が務めていたという。現在は、実質的な司会進行を内閣府広報官の長谷川栄一首相補佐官に委ねており、「内閣記者会主催」はかたちばかりだ。結果、会見を官邸の〝宣伝《プロパガンダ》〟に利用されている。さらに長谷川氏の指名を見ていると、NHKやテレビ朝日、日経新聞などが毎度のように指される一方で、朝日新聞や東京新聞、中国新聞などが指されることはまれだ（これらの社が幹事社の場合は除く）。

長谷川氏が政治部の記者を指名すると、首相は毎度、官僚が用意した手元の資料を読みながら答えている。差し障りのない質問を事前に官邸に通告した社ばかり指名されるのであれば、それは権力による選別と事前校閲であり、メディアが官邸に支配されているということに他ならない。

SNSが発達し、首相のプロンプターや資料の読み上げがバレ、国内外の市民やネットメディア、フリーランス、識者から疑問や改善を促されている。にもかかわらず内閣記者会は、事前通告を続け、首相の「猿芝居」の片棒を担ぎ、意識が変わる気配はなかなか見えない。

今年一月、官房長官会見で、私が挙手しても当てられないことが続いた。私が会見場で「まだ（質問が）あります」と声を出したとき、ある社の記者は「指されなくても、声は出さずおとなしくして」と言ってきた。別の社の官邸キャップは「うまく聞かないと引き出せない。（あなたのは）〝負け犬の遠吠え〟だ」とわざわざ言いにきた。政治取材に長《た》けたみなさんは、この首相会見でいったい、何をうまく引き出したのだろうか。しっぽをふっているのに餌がもらえなかった犬に見えるが、あとで「路地裏」で残飯でももらえれば「勝ち犬」なのだろう。

付記しておくと、「この後、外交日程がありますので」と一時間で終えようとする長谷川氏に対し、フリーランスや何人かの政治部記者たちは抗議の声を上げている。長谷川氏は「紙でお答えしますので、後で私宛に質問を出して欲しい」として打ち切った。その後、朝日新聞と中国新聞、日刊ゲンダイは、河井夫妻の逮捕と首相の任命責任について官邸報道室に質問を出していたが、官邸報道室の回答は「国民の皆様にお詫び」「責任を痛感」「真摯に受け止め政権運営に当たりたい」など、中身のない官僚作文だった。会見の場で安倍首相が同じように答えていたならば、到底納得されない内容だ。「舐めるのもいい加減にしろ」と怒りに震えた記者もいるだろう。

ただ、それも長年、安倍政権のメディアコントロールを許してきたせいだ。首相会見も官房長官会見も、時間制限や指名の偏りに抗議の声を上げず、司会進行の主導権を奪われても抵抗せず、会見のあり方を改革しようとしてこなかった。内閣記者会は世間からも見放されつつある。オフレコ取材を重視し、会見が形骸化すれば、会見も記者クラブも存在の意義がなくなるばかりか、今回の首相会見のように権力に利用されてしまう。

このままでは日本のジャーナリズムは完全に崩壊することになる。政治部記者はもっと危機感をもつべきだろう。

そんななか、既存のＴＶメディアの報道に限界を感じたディレクターたちが中心となって立ち上げたネットＴＶ「Choose Life Project」が検察庁法改正案の議論が沸騰する最中、野党各党の幹部を呼んで連日、活発な議論を行い、ネット上で盛り上がったのは光明だった。どういう思いで議論やニュースを発信していくのか。そんな報道人としての根本的な姿勢がジャーナリズムとして大事であることを再確認できた出来事だった。

ジャーナリズムが政治や社会の実相に近づき、真実を伝えていくには、何ができるのだろうか。異色の官僚やメディアで活躍した先陣たちとの対話を重ねてきた佐高さんの話は、示唆に富み、ジャーナリストとしての基本の姿勢について、考えさせられることだらけだった。読者の方々にとっても、本書が少しでも、これからの日本の政治や社会、官僚やメディアのありようを考える一助となっていただければ、うれしい。

望月衣塑子

二〇二〇年六月末

望月衣塑子

1975年、東京都に生まれる。新聞記者。慶應義塾大学法学部卒業後、東京・中日新聞社に入社。千葉支局、横浜支局を経て社会部で東京地検特捜部を担当。その後経済部などを経て社会部遊軍となり、官房長官記者会見での鋭い追及など、政権中枢のあり方への問題意識を強める。著書『新聞記者』(角川新書)は映画化され大ヒット。日本アカデミー賞の主要3部門を受賞するなど大きな話題となった。

佐高 信

1945年、山形県生まれ。慶應義塾大学法学部卒。高校教師、経済誌編集者を経て評論家に。主な著書に『偽りの保守・安倍晋三の正体』(岸井成格氏との共著)、『大メディアの報道では絶対にわからない　どアホノミクスの正体』(浜矩子氏との共著)、『日本を売る本当に悪いやつら』(朝堂院大覚氏との共著)などがある。

講談社+α新書　733-6 C

なぜ日本《にほん》のジャーナリズムは崩壊《ほうかい》したのか

望月《もちづき》衣《い》塑《そ》子《こ》
佐《さ》高《たか》 信《まこと》

2020年 7 月20日第1刷発行
2020年10月 1 日第5刷発行

発行者――――渡瀬昌彦
発行所――――株式会社 講談社
東京都文京区音羽2-12-21 〒112-8001
電話 編集(03)5395-3522
販売(03)5395-4415
業務(03)5395-3615

写真――――渡辺充俊
デザイン――――鈴木成一デザイン室
カバー印刷――――共同印刷株式会社
印刷――――株式会社新藤慶昌堂
製本――――牧製本印刷株式会社

定価はカバーに表示してあります。
落丁本・乱丁本は購入書店名を明記のうえ、小社業務あてにお送りください。
送料は小社負担にてお取り替えします。
なお、この本の内容についてのお問い合わせは第一事業局企画部「+α新書」あてにお願いいたします。

Printed in Japan
ISBN978-4-06-520027-8